COLLECTION IMAGINÉE ET CRÉÉE PAR **PIERRE MARCHAND**

Directeur
Frédérique de Buron

Directeur de projet
Fabrice Le Jean

Directeur d'ouvrage
Yves Cohat

Édition
Sandra Berthe

Directrice artistique
Isabelle Roller

Ont collaboré à cet ouvrage
Charlotte Bourgeois, Briq, Céline et Laurent Hindryckx, J.-P. Leblan, Erich Lessing, Bertrand Loquet, Sylvie Michel

ISBN 201291984-7 – Imprimé et relié en Malaisie par TWP – Dépôt légal 49546 – Mars 2005 – EAN 9782012919846/01 – Nuart 29/1984/3.
Loi n° 49-956 du 16 juillet 1949 sur les publications destinées à la jeunesse –

  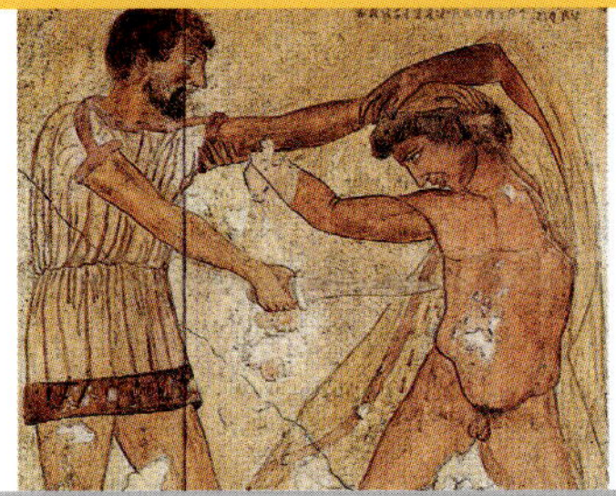  

BIGB@NG

Rome

LA GLOIRE D'UN EMPIRE

Agnès Bérenger-Badel *Maître de conférences d'histoire romaine, université de Paris-Sorbonne (Paris IV)*
Christophe Badel *Professeur d'histoire romaine, université de Rennes II*

HACHETTE
Jeunesse

Mode d'emploi du livre

Un système de bandeaux en haut de chaque page vous propose des liens complémentaires vers les autres thèmes de la collection grâce à un code-couleur.

La Lune, l'unique **satellite naturel de la Terre,** est sans doute née après la collision de notre planète avec un énorme corps céleste. Ce choc colossal aurait projeté en orbite des matériaux fondus et vaporisés qui, après avoir formé un anneau, se seraient agglomérés.

Ce bandeau rouge signale un lien vers des informations concernant le thème **Sciences et technologies.**

Ce bandeau vert signale un lien vers des informations concernant le thème **Terre et Univers.**

Ce bandeau bleu signale un lien vers des informations concernant le thème **Le monde vivant.**

Ce bandeau jaune signale un lien vers des informations concernant le thème **Histoire et civilisations.**

La ville qui allait un jour dominer le monde est à son origine une petite cité du Latium. Elle aurait été fondée par Romulus, enfant recueilli et allaité par une louve. Les fouilles archéologiques ont montré que cette légende avait un fond de vérité.

La fondation de Rome

Selon la légende, la ville de Rome a été fondée par Romulus, le 21 avril 753 av. J.-C. Romulus et Rémus, son frère jumeau, sont les enfants de Rhéa Silvia, la fille du roi d'Albe, Numitor. Ce roi a été détrôné par son frère, Amulius. Craignant que sa nièce n'enfante des garçons qui viendront un jour réclamer l'héritage de leur grand-père, il contraint Rhéa Silvia à devenir une vestale, prêtresse qui doit rester vierge sous peine d'être enterrée vivante. Mais Mars, le dieu de la guerre, séduit la jeune femme, qui donne naissance à deux jumeaux. Furieux, Amulius ordonne d'abandonner les enfants sur les rives du Tibre, à la merci des bêtes sauvages. Quelques jours plus tard un berger, Faustulus, est intrigué par le manège d'une louve qu'il voit aller au même endroit quotidiennement. Il la suit et constate qu'elle allaite deux nourrissons. Faustulus et sa femme les recueillent et les élèvent. Devenus adultes, ils découvrent leur noble origine et rétablissent leur grand-père sur le trône d'Albe. Ils décident ensuite de fonder leur propre cité, à l'emplacement où la louve les avait allaités.

L'observation du vol des oiseaux, signe de la volonté divine, indique que Romulus sera le fondateur officiel. Il trace un sillon avec une charrue, afin de délimiter l'enceinte sacrée de la ville, autour de la colline du Palatin. Mais Rémus, furieux, saute de chaque côté du sillon en se moquant de son frère. Au cours de la bataille qui éclate entre les partisans des deux frères, Rémus trouve la mort. Romulus règne pendant quarante ans, et disparaît mystérieusement. Les Romains lui rendent alors un culte, sous le nom de Quirinus.

Cette tradition, longtemps considérée comme purement légendaire, a été revalorisée par des fouilles archéologiques. Les restes de trois cabanes et des tessons de céramique datant du VIIIe siècle av. J.-C. ont été dégagés sur le Palatin. Au pied de cette colline, les archéologues ont retrouvé les traces d'un mur très ancien, remontant aux années 730-720 av. J.-C., et d'une palissade en bois. Ces découvertes prouvent qu'une installation humaine a existé sur le Palatin à la date donnée par la légende. Mais il s'agit encore d'un peuplement assez lâche, et non d'une vraie ville, telle que la présentent les récits de fondation.

Ce logo vous indique que cette image est proposée dans le CD-Rom en **animation** (rubrique « Panoramas et documents »).

Ce logo vous indique que cette image est proposée dans le CD-Rom en **impression** (rubrique « Espace découverte »).

Sommaire

Les **premiers êtres vivants** à avoir colonisé notre planète sont des organismes unicellulaires. Parmi eux, les stromatolithes, des algues bleues qui vivaient il y a 3,4 milliards d'années, ont formé des récifs fossiles en Australie et aux Bahamas.

C'est en 1992 que la **recherche spatiale** est parvenue à apporter une preuve d'un début de l'univers. Cette année-là, le satellite *Cobe* est parvenu à photographier le rayonnement fossile du big bang, émis il y a 15 milliards d'années.

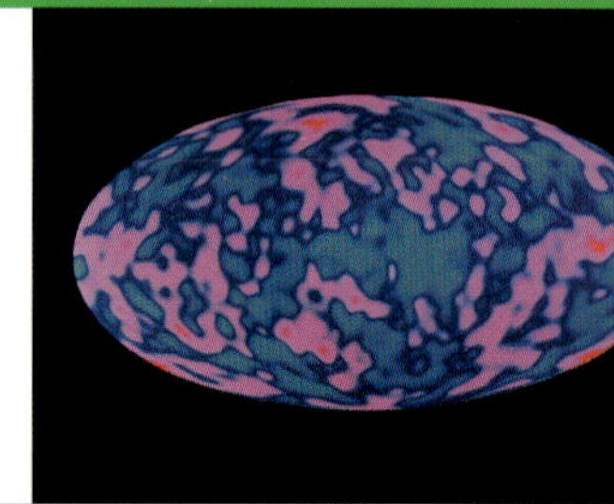

La ville qui allait un jour dominer le monde est à son origine une petite cité du Latium. Elle aurait été fondée par Romulus, enfant recueilli et allaité par une louve. Les fouilles archéologiques ont montré que cette légende avait un fond de vérité.

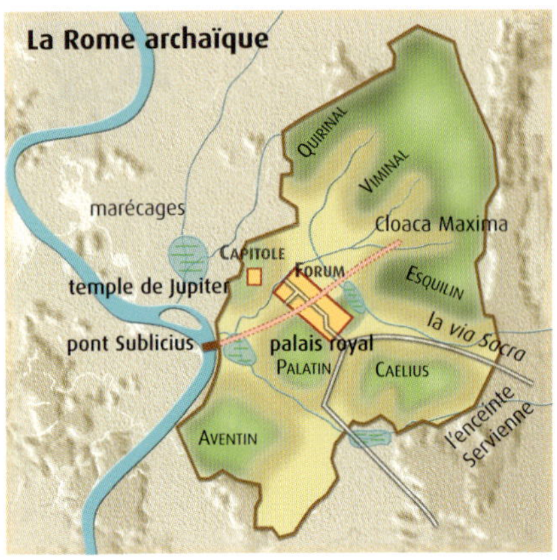

▪ *Le site primitif de Rome est situé sur la rive gauche du Tibre, fleuve qui relie la ville à la Méditerranée, distante d'environ 25 km.*

> **Selon la légende, la ville de Rome a été fondée par Romulus, le 21 avril 753 av. J.-C.** Romulus et Remus, son frère jumeau, sont les enfants de Rhea Silvia, la fille du roi d'Albe, Numitor. Ce roi a été détrôné par son frère, Amulius. Craignant que sa nièce n'enfante des garçons qui viendront un jour réclamer l'héritage de leur grand-père, il contraint Rhea Silvia à devenir une vestale, prêtresse qui doit rester vierge sous peine d'être enterrée vivante. Mais Mars, le dieu de la Guerre, séduit la jeune femme, qui donne naissance à des jumeaux. Furieux, Amulius ordonne d'abandonner les enfants sur les rives du Tibre, à la merci des bêtes sauvages. Quelques jours plus tard, un berger, Faustulus, est intrigué par le manège d'une louve qu'il voit aller au même endroit quotidiennement. Il la suit et constate qu'elle allaite deux nourrissons. Faustulus et sa femme les recueillent et les élèvent. Devenus adultes, ils découvrent leur noble origine et rétablissent leur grand-père sur le trône d'Albe. Ils décident ensuite de fonder leur propre cité, à l'emplacement où la louve les avait allaités.

▪ *Au cours d'une fête à laquelle ils ont convié leurs voisins, les Sabins, les cavaliers romains enlèvent les jeunes Sabines pour en faire leurs épouses.*

À Héliopolis, les anciens **Égyptiens** vénéraient le dieu solaire sous plusieurs formes dont Atoum/Rê. Créateur de l'univers, père de Tefnout, l'humidité, et de Chou, l'air, il est toujours représenté coiffé de la double couronne symbolisant la Haute et la Basse-Égypte.

La Lune, l'unique **satellite naturel de la Terre,** est sans doute née après la collision de notre planète avec un énorme corps céleste. Ce choc colossal aurait projeté en orbite des matériaux fondus et vaporisés qui, après avoir formé un anneau, se seraient agglomérés.

La fondation de Rome

■ *Cette urne qui contenait les cendres et os des défunts reproduit la forme des cabanes primitives du Palatin.*

■ *La statue de la louve est d'origine étrusque et date du ve siècle av. J.-C. Les jumeaux, œuvre d'un artiste anonyme de la Renaissance, ont été ajoutés vers 1471.*

L'observation du vol des oiseaux, signe de la volonté divine, indique que Romulus sera le fondateur officiel. Il trace un sillon avec une charrue, afin de délimiter l'enceinte sacrée de la ville, autour de la colline du Palatin. Mais Remus, furieux, saute de chaque côté du sillon en se moquant de son frère. Au cours de la bataille qui éclate entre les partisans des deux frères, Remus trouve la mort. Romulus règne pendant quarante ans et disparaît mystérieusement. Les Romains lui rendent alors un culte, sous le nom de Quirinus.

Cette tradition, longtemps considérée comme purement légendaire, a été revalorisée par des fouilles archéologiques. Les restes de trois cabanes et des tessons de céramique datant du viiie siècle av. J.-C. ont été dégagés sur le Palatin. Au pied de cette colline, les archéologues ont retrouvé les traces d'un mur très ancien, remontant aux années 730-720, et d'une palissade en bois. Ces découvertes prouvent qu'une installation humaine a existé sur le Palatin à la date donnée par la légende. Mais il s'agit encore d'un peuplement assez lâche, et non d'une vraie ville telle que la présentent les récits de fondation.

Les **éléphants** d'Afrique vivent en groupes familiaux composés de jeunes immatures et de femelles d'âges divers dont la plus expérimentée joue le rôle de chef. Les mâles qui sont plutôt solitaires ne rejoignent ces groupes qu'à l'époque des amours, pour se reproduire.

Les sociétés humaines ne sont pas les seules à être structurées. Chez des **insectes** sociaux comme les abeilles, chaque individu est doté d'une spécialisation comportementale qui permet à la collectivité de subsister, c'est-à-dire d'organiser son habitat, d'élever les jeunes, d'exploiter les ressources de nourriture et d'assurer sa défense.

Le citoyen à l'apogée de la

Le régime républicain, instauré à partir de 509, durera jusqu'en 27 av. J.-C. Il présente des caractéristiques originales. Plusieurs organes participent à la gestion de l'État et sont dotés de pouvoirs fondamentaux.

■ *Lorsque l'orateur prononce un discours, il souligne ses paroles avec des gestes amples de son bras droit, laissé libre par le drapé de sa toge.*

■ *Une scène de recensement. Le citoyen romain, debout, en toge, déclare son nom et ses biens que le scribe, assis sur la gauche, inscrit sur un registre.*

> **La tyrannie des successeurs de Romulus entraîne le renversement de la royauté en 509 et l'instauration de la République.** Dans ce régime, le Sénat, assemblée des anciens magistrats, est chargé de la politique extérieure : il reçoit les ambassadeurs et décide de la levée des troupes en cas de guerre. À Rome, il s'occupe surtout des finances et fixe le montant de l'impôt. Les décisions votées par les sénateurs sont appelées « sénatus-consultes ». Leur liste, l'album, est révisée tous les cinq ans par les censeurs, qui peuvent exclure les sénateurs dont la moralité est jugée indigne.

Les magistrats sont élus par les citoyens, en général pour un mandat d'un an. Les candidats doivent posséder un capital de 400 000 sesterces*. Une hiérarchie des magistratures s'est peu à peu fixée et il

L'Althing islandais est la plus ancienne assemblée parlementaire connue au monde. Réunie pour la première fois en 930, elle se tenait une fois par an dans le site de Thingvellir. Les chefs **vikings** et les hommes libres de l'île y siégeaient pendant plusieurs jours pour légiférer et rendre la justice.

Le 10 août 1792, le roi Louis XVI, qui, après sa tentative de fuite, a perdu tout crédit auprès de la population, est déchu et mis en prison avec sa famille. Le 22 septembre, la nouvelle Assemblée, la Convention, proclame « l'an premier de la **République française** ».

République

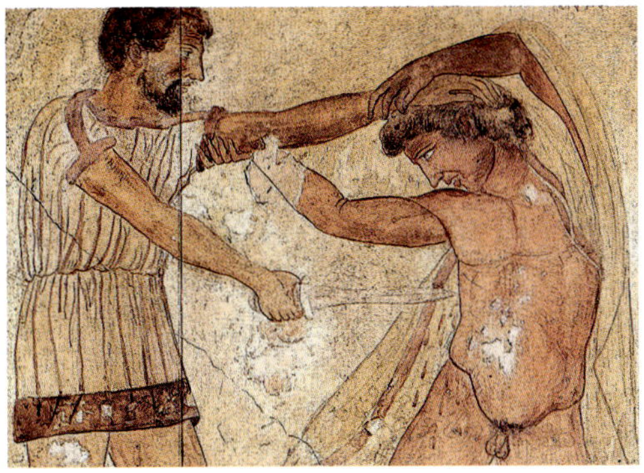

■ *Cette fresque d'une tombe étrusque, dite « Tombe François », édifiée vers 350 av. J.-C., représente un épisode de la lutte entre Étrusques et Romains.*

faut en principe les revêtir dans un ordre précis. Ce parcours est appelé *cursus honorum* (la « course des honneurs ») et commence par les magistratures inférieures : les questeurs* sont chargés des affaires financières, les édiles s'occupent de la surveillance des marchés et de l'approvisionnement et organisent certains jeux. Les magistrats supérieurs détiennent un pouvoir appelé *imperium**, qui leur donne le droit de commander les armées et de condamner à mort. Les préteurs rendent la justice à Rome. Les consuls* sont les magistrats les plus importants et commandent les armées. Les tribuns de la plèbe* ont été créés au ve siècle av. J.-C. et doivent protéger les plébéiens. Ils disposent pour cela d'un pouvoir particulier, la sacro-sainteté : personne ne peut les agresser sous peine de mort.

Les assemblées des citoyens sont nommées « les comices ». Elles se réunissent sur convocation des consuls et sont chargées de voter les lois et d'élire les magistrats. Les comices* sont structurés en classes, groupes censitaires regroupant les citoyens selon leur fortune. Il existe cinq classes, mais les plus pauvres, que l'on appelle « prolétaires » (ceux qui ont leurs enfants pour unique richesse), en sont exclus. Le rôle de la fortune est fondamental dans ce système, car les plus riches, qui sont regroupés dans la première classe, votent les premiers et les opérations de vote s'arrêtent quand la majorité est atteinte.

La campagne électorale est très animée : les candidats, vêtus d'une toge blanchie à la craie et accompagnés de leurs amis, se rendent sur la place centrale, le Forum*, et viennent supplier les électeurs de leur donner leur voix. Des affiches électorales, peintes en rouge sur les murs de la ville, appellent à voter pour tel ou tel candidat. Des agents électoraux sont chargés de distribuer des cadeaux, mais cette pratique finit par dégénérer en corruption des électeurs, malgré les lois qui tentent de juguler ces abus.

LES ROIS ÉTRUSQUES, VÉRITABLES FONDATEURS DE ROME ?

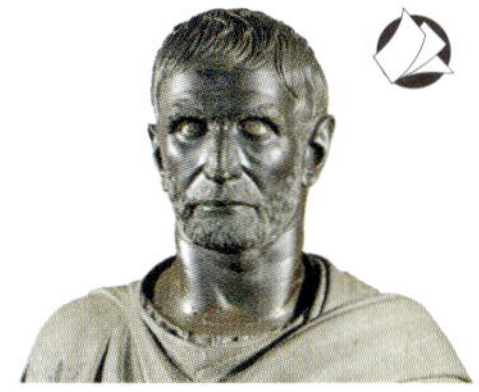

Brutus, le fondateur de la République.

Selon les historiens romains, les rois latins héritiers de Romulus furent supplantés en 616 av. J.-C. par une dynastie de condottieres étrusques, fondée par Tarquin l'Ancien. Vivant dans la Toscane actuelle, les Étrusques possédaient la civilisation la plus brillante dans l'Italie centrale de l'époque. Ils réformèrent le système civique et militaire sur le modèle grec et procédèrent à des grands travaux d'urbanisme, donnant à Rome un grand éclat, même s'il est peut-être exagéré de les considérer comme les véritables fondateurs de la cité romaine. Rome leur doit son premier égout et le temple à Jupiter Capitolin. Mais la tyrannie de Tarquin le Superbe dressa les sénateurs contre lui et une révolution aristocratique, conduite par Brutus, le chassa et instaura la République.

■ *La construction de la* via Appia*, qui mène de Rome à Brindisi, sur la côte adriatique, commença en 312 av. J.-C., durant la censure d'Appius Claudius Caecus.*

Le 23 janvier 1960, le physicien suisse Jacques Piccard et l'Américain Don Walsh établissent un **record de plongée** qui fait d'eux des conquérants des abysses. À bord du bathyscaphe *Trieste* 2, ils atteignent dans la fosse des Mariannes, à l'est des Philippines, la profondeur incroyable de 10 916 m.

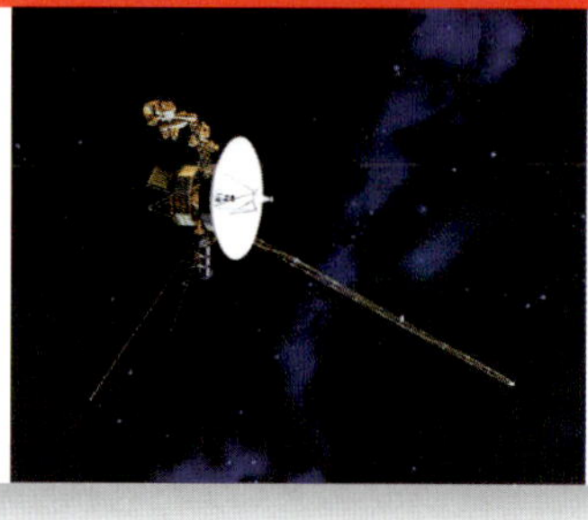

Après un voyage de 25 années dans l'espace durant lequel elles ont survolé Jupiter et Saturne et, pour l'une d'entre elles, Uranus et Neptune, les **sondes américaines** *Voyager* 1 et 2 approchent de la frontière de notre système solaire tout en continuant à transmettre des données.

À la conquête du monde

Grâce à la supériorité de ses légions, Rome conquiert en deux siècles tout le bassin méditerranéen. En annexant la Gaule, César lui ouvre le cœur du continent européen.

▪ *Le général romain Scipion l'Africain remporta sur Carthage la victoire décisive de Zama (202 av. J.-C.). Son buste est entouré de monnaies grecques et gauloises, dépouilles des conquêtes.*

▪ *Grand général carthaginois, Hannibal voulait utiliser les éléphants comme force de frappe contre les Romains mais un seul d'entre eux survécut au passage des Alpes (218 av. J.-C.).*

▪ *Représentant un Galate blessé lors d'un combat, cette sculpture témoigne de la peur des Grecs et des Romains face aux Gaulois. Les Galates étaient un peuple celtique installé en Anatolie.*

Le 3 août 1492, au lever du soleil, une flottille de trois bateaux sous les ordres de **Christophe Colomb** quittait le port de Palos pour un extraordinaire voyage vers l'inconnu. Après une traversée de 36 jours, elle touchait terre et faisait une découverte qui allait bouleverser le monde : l'Amérique.

Si, pendant l'ère secondaire, les continents sont dominés par les **dinosaures**, d'autres reptiles colonisent l'air et l'eau. Les ptérosaures dont les plus grands ont une envergure de 11 m sont les maîtres des cieux, alors que dans l'océan rôdent de terribles fauves comme le *Kronosaurus* ou d'élégants élasmosaures à la silhouette élancée.

> **En 168 av. J.-C., le roi Antiochos IV de Syrie envahit l'Égypte et marche sur sa capitale,** Alexandrie, en suivant la côte. La route de la ville lui semble ouverte lorsqu'un ambassadeur romain, Laenas, se présente devant lui, sur une plage, et lui ordonne d'évacuer le pays. Avec insolence, le Romain trace un cercle sur le sable autour du roi et lui intime de ne pas en sortir avant de lui avoir donné une réponse. Impressionné, Antiochos fait retraite, tant la puissance de Rome effraye déjà les souverains de l'Orient.

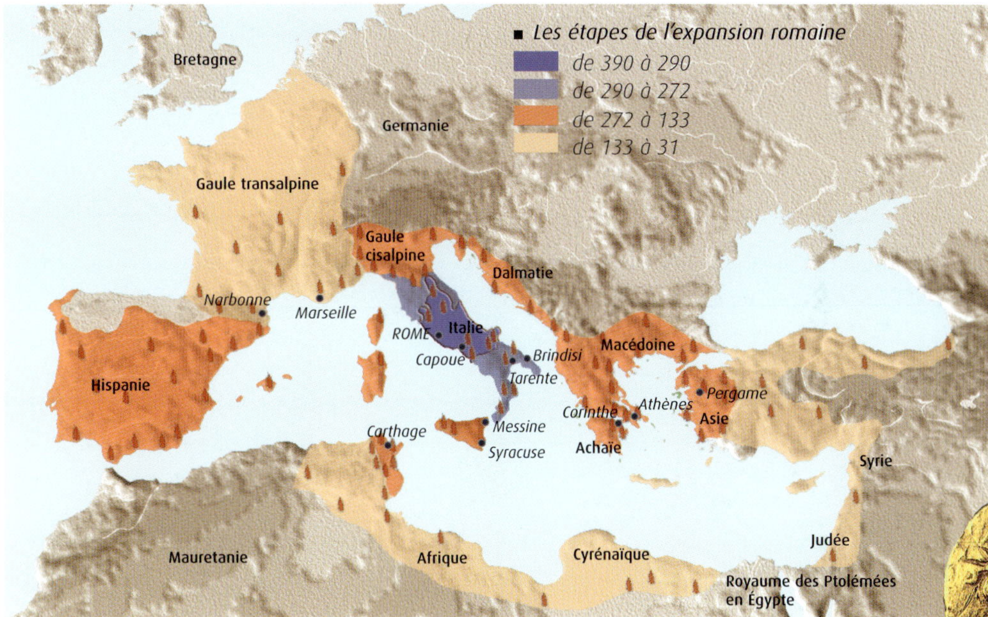

Un siècle plus tôt, Rome n'est qu'une puissance régionale, dont les horizons se bornent à l'Italie centrale. Mais une première poussée l'amène à conquérir l'Italie du Sud et la met en contact avec Carthage, maîtresse de la Sicile. Grande cité d'Afrique du Nord fondée par les Phéniciens, Carthage domine la Méditerranée occidentale du détroit de Gibraltar aux côtes de la Tunisie actuelle. Deux conflits dramatiques, les guerres puniques (264-241, 218-201), opposent les deux cités et Hannibal, le meilleur général carthaginois, menace un moment Rome.

Mais l'armée des soldats-citoyens romains se révèle à la longue plus solide que les troupes de mercenaires puniques, offrant ainsi à Rome la victoire et la suprématie sur la Méditerranée occidentale. Une troisième guerre punique (149-146) parachève son triomphe car Carthage est détruite par Rome, qui sème du sel sur son sol pour y interdire toute vie.

Mais la conquête de l'Orient grec, dirigé par des souverains héritiers de l'empire d'Alexandre le Grand, a déjà commencé. La phalange grecque, composée d'une ligne rigide de fantassins lourdement armés, se révèle inefficace face à des légions romaines plus souples et plus mobiles. Vassalisant d'abord les royaumes pour les conquérir ensuite, Rome met la main sur la Grèce en 146, l'Asie Mineure en 133, la Syrie en 64. Profitant du jour du sabbat, Pompée enlève le Temple de Jérusalem en 63 av. J.-C. Rome domine l'ensemble de la Méditerranée et commence même à mordre sur l'Europe continentale à la fin de la République. Profitant de la division des peuples celtiques, César soumet assez facilement la Gaule (58-51), en dépit d'une ultime révolte menée par le jeune chef arverne, Vercingétorix. Chaque soldat romain reçoit un prisonnier gaulois comme esclave et Vercingétorix périt étranglé dans sa prison lors du triomphe de César en 45 av. J.-C. Pour la première fois, les frontières du monde romain atteignent la Manche et le Rhin.

Le navire de combat classique de l'Antiquité est la **trière grecque** dont les Romains s'inspirèrent pour construire leurs propres navires. Cependant, comme ils n'accordaient pas une importance capitale à la vitesse, leurs bateaux étaient plus massifs pour emporter un plus grand nombre de combattants.

Alexandrie fut l'une des villes les plus brillantes du monde grec. Elle était célèbre à la fois pour sa Bibliothèque fréquentée par les plus grands savants de l'époque et par son Phare qui passait pour l'une des Sept Merveilles du monde.

Le temps des guerres civiles

> **Le 2 septembre 31 av. J.-C., le sort du monde romain se joue sur mer, à Actium, sur la côte adriatique de la Grèce.** Les deux généraux rivaux Octave et Antoine confient leurs espoirs à la flotte et le second compte beaucoup sur l'aide de son alliée et épouse, la reine d'Égypte, Cléopâtre. Mais la flotte d'Antoine se trouve prise au piège dans le golfe et Cléopâtre, paniquée, fuit dans le soleil couchant, suivie par son mari désemparé. Octave se retrouve seul maître du monde romain. Ainsi finit un siècle de troubles et de guerres.

■ *Petits-fils de Scipion l'Africain, les frères Gracchus, « les Gracques », tribuns de la plèbe, tentèrent de démocratiser la République par des distributions de terres et des ventes de blé à bon marché.*

Ce ne sont que les symptômes d'une crise générale du régime républicain, dépassé par ses propres victoires. La conquête du monde méditerranéen a provoqué de graves problèmes pour les paysans-soldats romains car les guerres continuelles les tiennent éloignés de leurs champs et favorisent la mainmise des grands propriétaires sur leurs terres. Par ailleurs, leurs victoires éclatantes enivrent les généraux, les *imperatores**, qui rêvent d'établir leur pouvoir personnel à Rome. Deux frères, Tiberius et Caius Gracchus, tentent de résoudre la crise sociale en proposant de diviser entre les pauvres des lots de terre du domaine public pour renforcer le groupe des citoyens-paysans. L'opposition du Sénat fait échouer leur projet et les deux frères périssent au cours d'émeutes organisées par leurs opposants (133 et 121).

Les ambitions des généraux peuvent alors se déchaîner au cours de guerres civiles sanglantes. Vainqueur de la première (88-82), Sylla instaure sa dictature et fait publier des listes de proscriptions, condamnant à mort ses adversaires. Des têtes de proscrits décorent le Forum. Mais ce personnage énigmatique cherche aussi à réformer les institutions républicaines et abdique son pouvoir de son plein gré pour se retirer dans une villa* près de Naples (79 av. J.-C.).

■ *Datant de sa dictature (49-44), cette monnaie de César révèle un ambitieux fiévreux au cou décharné, coiffé de la couronne de laurier, insigne du triomphateur, qui lui permettait de cacher sa calvitie.*

Provisoirement restaurée, la République doit bientôt faire face aux ambitions de deux nouveaux *imperatores*, Pompée, conquérant de l'Orient, et César, vainqueur de la Gaule. Après une courte guerre (49-48), César l'emporte et rétablit la dictature (49-44). Portant sans cesse le costume du triomphateur – couronne de laurier et toge de pourpre – il rêve du titre de roi et se fait adorer comme un demi-dieu, le « divin Jules ». Épouvantés, des conjurés républicains le percent en plein Sénat d'une trentaine de coups de poignard (44 av. J.-C.). Meurtre inutile ! Son fils adoptif, Octave, et son principal lieutenant, Antoine, se partagent alors le pouvoir et le monde : au premier l'Occident, au second l'Orient (il va y rencontrer Cléopâtre) – la République est bien morte. Il ne reste plus qu'à savoir qui sera le maître : à Actium, le sort des armes désigne Octave.

Alexandrie sur laquelle règne Cléopâtre est plus une ville grecque qu'une cité égyptienne. Elle a été fondée par Ptolémée, un des généraux d'**Alexandre le Grand**, qui, à sa mort en 323 av. J.-C., se sont affrontés pour se partager son empire.

C'est sans doute par un cobra d'Égypte, symbole de la déesse protectrice du royaume du Sud, Ouadjet, que se fit mordre **Cléopâtre**. Ce serpent, qui a la faculté de déployer les côtés de sa nuque en une sorte de capuchon, possède un venin extrêmement puissant qui rend sa morsure fatale pour l'homme.

Minée par la crise de la petite paysannerie et les ambitions des généraux, la République sombre dans les guerres civiles à partir de 88 av. J.-C. César échoue à restaurer la royauté mais son fils Octave recueille son héritage.

■ *À Actium, les trières de la flotte d'Octave, légères et mobiles, s'attaquent aux lourds vaisseaux égyptiens. Grâce aux passerelles, les légionnaires se battent sur les navires comme sur terre.*

Depuis Charlemagne, l'empereur du **Saint Empire romain germanique** est à la fois un personnage religieux qui représente le Christ sur Terre et le premier de tous les rois de la chrétienté. L'un d'eux, Otton III (996-1002), rêve de rétablir la puissance de l'antique Empire romain.

Pour affirmer sa légitimité et son pouvoir qu'il estime lui être conférés par la Nation et non pas par Dieu, **Napoléon** multiplie les gestes symboliques : il se couronne lui-même, puis l'impératrice, et choisit comme emblème impérial l'aigle des anciennes légions romaines.

■ *L'empereur Marc Aurèle fait son entrée solennelle dans Rome, monté sur un char triomphal, après ses victoires sur le front danubien.*

L'Empire des Césars :

Conçu comme un principat libéral ou une monarchie despotique, le régime impérial peine à trouver son équilibre au Ier siècle. Grâce au système de l'adoption, les Antonins fournissent au IIe siècle une série d'empereurs remarquables qui assurent la Paix romaine.

■ *L'Auguste dit « de Prima Porta » montre l'empereur en chef militaire.*

■ *Portrait de Néron.*

■ *Portrait de Trajan.*

Au printemps 99 ap. J.-C., le nouvel empereur, Trajan, de retour de la province rhénane de Germanie, fait une entrée triomphale à Rome. Les toits sont couverts de monde et même les malades se sont traînés sur place pour acclamer l'empereur. Au contraire de ses prédécesseurs, qui se déplaçaient sur un char, il marche à pied et embrasse chaque sénateur venu le saluer. Cette simplicité affichée fait figure de programme politique.

Depuis ses débuts, le régime impérial peine en effet à trouver son équilibre. Le fondateur, Auguste* (27 av. J.-C. – 14 ap. J.-C.), qui a commencé sa carrière sous le nom d'Octave, met en place une monarchie libérale, le principat, qui garde des apparences républicaines. Avec lui, fils adoptif de César, ce nom familial devient un titre impérial. Il vit dans une maison simple et ne porte que des vêtements tissés par sa femme. Mais il n'a pas prévu de règle successorale claire : ce qui ouvre la voie aux ambitions des soldats. Les gardes impériaux, les prétoriens*, portent ainsi Claude au pouvoir parce qu'ils l'ont repéré caché derrière une tenture en 41 ap. J.-C. D'autre part, certains empereurs cherchent à imiter les souverains orientaux, despotiques et sacrés. À la suite d'un incendie qui ravage le centre de Rome en 64, Néron y construit un splendide palais, la Maison Dorée, dont l'entrée est ornée par une statue colossale de l'empereur représenté en dieu-Soleil. Il finit renversé par une révolte des légions d'Espagne en 68.

Avec Trajan, l'Empire revient à la formule du principat et trouve enfin un système successoral efficace, le « choix du meilleur ». Le souverain choisit pour successeur le sénateur

L'empereur aztèque portait deux titres : *tlacateruchtli,* qui signifiait « chef des guerriers » et le désignait comme chef suprême des armées, et *tlatolli,* qui voulait dire « celui qui parle » car, même s'il succédait à son père, il devait convaincre les autres seigneurs de le désigner pour accéder à cet honneur.

Pour affirmer la puissance de leur pouvoir, les hommes à l'instar des empereurs ont souvent besoin d'insignes comme une couronne ou un sceptre. Certains animaux comme le **mandrill** mâle, avec son nez rouge encadré de bourrelets bleus, affichent leur dominance sur leur propre corps.

une dynastie de paix

■ *Marc Aurèle jeune.*

■ ***L'empereur Commode** est représenté sous les traits du dieu Hercule, avec une massue et la peau du lion de Némée.*

■ ***Camée** représentant l'empereur Claude avec le front ceint d'une couronne laurée.*

le plus méritant et l'adopte comme son fils pour lui préparer la voie. L'hérédité directe est rejetée même si la plupart des empereurs ont des liens de parenté éloignée entre eux. Par le moyen de l'adoption se construit ainsi une remarquable dynastie, les Antonins (96-192), qui apporte au monde la Paix romaine. Par d'incessants voyages dans tout l'Empire, Hadrien (117-138) améliore l'administration provinciale : il en rassemble les souvenirs dans sa luxueuse villa de Tivoli aux portes de Rome. Empereur-philosophe, Marc Aurèle (161-180) est le plus vertueux des Césars* mais il prend une décision néfaste en léguant le pouvoir à son fils, Commode. S'identifiant au dieu Hercule, le jeune prince se bat dans l'arène comme un gladiateur et se montre si tyrannique que ses propres familiers finissent par l'étrangler dans son bain en 192. Le siècle d'or de l'Empire finit ainsi tragiquement.

Chaque année au printemps, l'**éléphant de mer** mâle remet en cause son statut de reproducteur. Il lui faut affronter ses congénères pour conquérir un territoire suffisamment vaste pour accueillir la vingtaine de femelles qui composeront son « harem ».

Avant d'être monté et utilisé pour combattre et se déplacer, le **cheval** a, dans un premier temps, été chassé pour sa viande. C'est seulement il y a environ 5 500 ans qu'il aurait été domestiqué dans les plaines d'Ukraine d'abord, pour être mangé puis pour être attelé à des chars de combat.

▪ *L'arc de triomphe de Titus, édifié sur le forum de Rome, célèbre la victoire remportée sur les Juifs et la prise de Jérusalem en 70 ap. J.-C.*

Un Empire universel

L'étendue territoriale de l'Empire romain s'est accrue durant le régime impérial, mais ne progresse plus guère après les conquêtes de Trajan. La citoyenneté romaine et le culte impérial sont deux facteurs essentiels qui assurent la cohésion de ce vaste ensemble.

> **Le règne de Trajan voit les dernières conquêtes territoriales importantes.** De 101 à 106, les légions romaines guerroient en Dacie (actuelle Roumanie) contre le roi Décébale, qui a conclu des alliances menaçant les intérêts romains. Le roi vaincu se suicide et son royaume devient une nouvelle province. Les mines d'or de Dacie sont désormais sous le contrôle de Rome et le butin servira à édifier l'imposant forum de Trajan à Rome. La célèbre colonne Trajane y relate, sous la forme d'une frise en spirale, les épisodes de la conquête.

En revanche, les tentatives romaines de conquête en Orient s'avèrent moins fructueuses. Certes, Trajan occupe en 106 le royaume des Nabatéens, qui devient la province d'Arabie, mais l'ennemi séculaire de Rome, les Parthes qui occupent un vaste territoire (Iran et Irak), reste un adversaire redoutable. Si Trajan remporte plusieurs victoires sur eux et crée une éphémère province de Mésopotamie, son successeur Hadrien abandonne toutes les conquêtes au-delà de l'Euphrate, car il estime impossible de les conserver. Les nouvelles expéditions contre les Parthes, sous Septime Sévère et son fils Caracalla, n'aboutissent pas non plus à des conquêtes durables. Les victoires remportées sont toutefois célébrées sur un arc de triomphe élevé sur le Forum, en plein centre de Rome, et Septime Sévère arbore désormais le surnom de victoire « Très Grand Parthique ».

Le **pharaon** détient tous les pouvoirs politiques, militaires et religieux. À la fois dieu et homme, il n'agit pourtant pas uniquement selon son bon plaisir. Il doit en effet se conformer aux principes de justice et d'ordre qui régissent la société égyptienne.

L'arc de triomphe du Carrousel, à Paris, a été commandé par **Napoléon Ier** en 1806 à Vivant Denon. Il s'inspire de celui de Septime Sévère à Rome, et comportait initialement les chevaux du temple du Soleil à Corinthe, que Bonaparte alors général de la jeune République française avait volés à la cathédrale Saint-Marc de Venise.

Dans cet Empire aux dimensions gigantesques coexistent des hommes aux statuts juridiques très variés. À côté des citoyens romains, qui bénéficient de privilèges juridiques étendus, on rencontre des pérégrins*, hommes libres mais qui n'ont pas la citoyenneté romaine, et des esclaves. La différence des statuts est abolie par Caracalla en 212. Cet empereur décide en effet d'accorder la citoyenneté romaine à tous les habitants libres de l'Empire, et justifie cette mesure sans précédent par la volonté de faire participer les pérégrins au culte des dieux romains et d'unifier juridiquement le monde romain.

L'un des éléments assurant la cohésion de tous les peuples de l'Empire est le culte impérial. Les empereurs, après leur mort, peuvent être divinisés au cours de la cérémonie de la *consecratio**, si le Sénat en a donné l'autorisation. Dans la plupart des cités de l'Empire, un temple est consacré au culte des empereurs et un prêtre, le flamine*, en est le responsable. Des cérémonies en leur honneur ont également lieu dans les capitales des provinces. À Lugdunum (Lyon), le grand prêtre célèbre le culte tous les ans, le 1er août, à l'Autel du Confluent.

■ *Trajan a orné son forum avec des statues de prisonniers daces en marbre et porphyre. Certaines ont été ensuite réutilisées pour l'arc de triomphe de Constantin.*

■ *Lors de la cérémonie du triomphe*, le général vainqueur défile à la tête de ses troupes et exhibe le butin et les prisonniers faits pendant la campagne.*

Au **Moyen Âge**, le contrat qui lie un seigneur et son vassal se noue non par écrit mais au cours d'un rituel. Le vassal s'agenouille devant son seigneur et place ses mains jointes à l'intérieur des siennes : c'est l'*hommage*.

Dès la **plus haute Antiquité**, les villes phéniciennes de Tyr et de Sidon en Méditerranée devinrent les cités les plus florissantes de la région. Elles devaient cette richesse à un coquillage, le murex, qui fournissait un colorant pourpre très prisé pour teindre les étoffes et faisait d'elles des étapes incontournables sur la Route de la Soie.

■ *Ce sarcophage du IIIe siècle ap. J.-C.,* *représentant une procession de sénateurs, met en valeur la majesté des plis des toges, un des insignes de l'ordre.*

Des sénateurs

> ***Clarissime,*** **c'est-à-dire « très éclatant » : tel est le titre officiel des sénateurs sous l'Empire,** qui proclame bien leur prééminence sociale. Comme beaucoup de sociétés traditionnelles, la société romaine est une société d'ordres*, où les groupes sociaux se définissent par des critères juridiques et non pas économiques. Un ordre est un groupe chargé d'une mission au service de la cité, bénéficiant de privilèges particuliers, et l'ordre clarissime* trône au sommet de la hiérarchie des ordres romains.

Son rôle consiste à fournir les membres du Sénat (300 sous la République, 600 sous l'Empire), les magistrats et les hauts fonctionnaires sous l'Empire. Principal organe dirigeant de la République, le Sénat garde une place importante sous le principat car il vote les pouvoirs de l'empereur et le conseille. Tout Romain peut reconnaître un sénateur à sa tenue : tunique barrée d'une large bande de pourpre (le laticlave*) et bottines de cuir rouge ou noir décorées d'un croissant d'ivoire. Lors des grands

■ ***Dans les séances du Sénat,*** *l'éloquence jouait un rôle important, comme le montre ce discours du consul Cicéron (à gauche) dénonçant la conjuration de Catilina contre la République en 63 av. J.-C. (à droite).*

De tous les pigments utilisés au **Moyen Âge** pour teinter les encres qui servaient aux moines à copier et à enluminer les manuscrits, l'un des plus précieux était une pierre importée d'Afghanistan à grands frais : le lapis-lazuli. Réduite en poudre, elle permettait d'obtenir un bleu autrement plus pur et profond que celui que fournissaient des végétaux comme l'indigo ou la guède.

En **Égypte**, après le pharaon, le vizir est le personnage qui détient le plus de pouvoir. Il est responsable de l'administration du territoire, promulgue les décrets royaux, surveille la crue du Nil et les cultures, et dirige enfin la police et la justice.

« éclatants »

Les sénateurs constituent un ordre chargé de servir la cité et de fournir le vivier des magistrats et des fonctionnaires. Leur richesse foncière, leur réseau de clients et l'orgueil de leurs ancêtres assurent leur prestige social.

■ *Construite par César, la curie Julia remplaça un bâtiment plus ancien disparu dans un incendie (52 av. J.-C.), pour abriter les séances du Sénat. Elle fait face aux Rostres, la tribune aux harangues.*

votes, les sénateurs votent avec les pieds, en se regroupant dans un coin de la curie, leur bâtiment de réunion, selon leur opinion. Tous les efforts d'un sénateur sont tendus vers l'ascension de la hiérarchie des magistratures, le *cursus honorum**, dont le consulat constitue le sommet. Sous l'Empire, les souverains multiplient les postes administratifs et militaires confiés aux sénateurs pour gérer le monde romain. Le rêve d'un sénateur est alors de finir comme préfet de la ville, chargé d'administrer Rome.

Le prestige social des sénateurs ne tient pas seulement à leurs fonctions politiques. La fortune est tout aussi essentielle car un capital minimal (un million de sesterces sous l'Empire) est indispensable pour entrer au Sénat. De nature terrienne, elle se compose de grands domaines centrés autour de luxueuses villas. Afin de contrôler la plèbe, les sénateurs y tissent des réseaux de clientèle, basés sur l'aide matérielle et l'échange de services. Tous les matins, les clients viennent saluer le sénateur dans sa maison, reçoivent alors de lui une petite somme d'argent pour la journée puis l'accompagnent sur le Forum.

Plus le cortège des clients est imposant, plus le prestige du sénateur est grand. Au sein des clarissimes, les nobles jouissent d'une aura particulière, due à leur naissance. Ils descendent de consuls et gardent le souvenir de leurs ancêtres sous la forme de masques de cire moulés sur le visage des défunts, les « images* ». Lors des funérailles d'un noble, celles-ci suivent son cercueil, portées par des acteurs : c'est comme si ses ancêtres ressuscitaient pour l'accompagner dans la mort.

■ *Ce noble romain porte les masques de cire de son père (à droite) et de son grand-père (à gauche). La dénivellation entre les deux images marque la différence des générations.*

Les animaux occupent depuis fort longtemps une place importante sur les champs de bataille. Aujourd'hui, on les utilise même pour accomplir des missions trop difficiles ou dangereuses pour des hommes. L'armée américaine emploie ainsi des **dauphins** pour repérer des mines grâce à leur exceptionnelle capacité d'écholocalisation.

La construction de la Grande Muraille de **Chine** s'étale sur plusieurs siècles. C'est d'abord l'empereur Quin Shi Huangdi qui deux siècles avant J.-C. fit relier par des remparts des fortins pour se protéger des invasions turco-mongoles. Puis au XVe siècle, la dynastie Ming édifia une nouvelle Muraille au sud de l'ancienne.

Une armée en mutation

Composée de soldats-citoyens à l'origine, l'armée romaine se professionnalise à partir de la fin de la République. Les légions, unités de fantassins lourds, se fixent sur la frontière sous l'Empire, mais ce *limes* est une zone-tampon, non une barrière linéaire.

■ *Ce légionnaire, fantassin lourd, porte la cuirasse articulée de l'époque de Trajan (98-117). Il tient à la main droite son pilum, javelot destiné à être lancé au début du combat.*

À la mort de l'empereur Auguste, en 14 ap. J.-C., les légions du Rhin et du Danube se soulèvent car les soldats ne supportent plus leurs conditions de vie et la sévérité de la discipline. Agressant leurs sous-officiers, les centurions, ils massacrent l'un d'entre eux surnommé « Encore », car il ne cessait de frapper les soldats à coups de cep de vigne. Le nouvel empereur Tibère doit envoyer ses fils calmer les troupes. Ce tableau misérable ne correspond pas à l'image glorieuse de l'armée romaine.

Depuis un siècle, cette armée a en fait connu une mutation considérable. À l'apogée de la République (IIIe-IIe siècle), le service militaire fait partie des devoirs du citoyen et seuls les plus pauvres en sont dispensés car le légionnaire doit payer son équipement. Cette armée de soldats-citoyens est à l'origine des victoires sur Carthage et les rois d'Orient mais se révèle inadaptée face à la multiplication des expéditions. Le besoin d'effectifs amène l'*imperator* Marius à ouvrir les légions aux prolétaires (107 av. J.-C.), entraînant à terme

■ *En Orient, le* limes *s'appuyait sur une multitude de petits forts, abritant une cohorte (500 hommes) au maximum, permettant de quadriller le désert.*

Si la Première Guerre mondiale est encore un combat de fantassins et d'artillerie, elle marque néanmoins un tournant dans l'**évolution des armées.** L'aviation fait son apparition et la cavalerie est remplacée par les blindés dont les premiers exemplaires sont engagés en 1917.

L'utilisation militaire des matières inflammables est très ancienne, mais ce sont les Byzantins qui perfectionnèrent cette **technique de combat.** Grâce au feu grégeois, ils projetaient à l'aide de tubes métalliques un mélange d'hydrocarbures et de soufre qui, propulsé par réaction comme une fusée, incendiait les navires ennemis.

sa professionnalisation puisque ces pauvres s'engagent pour gagner leur vie. Sous l'Empire, l'armée romaine s'est muée en armée professionnelle, basée sur le volontariat et un service de longue durée (25 ans). Si la discipline est dure, le soldat peut compter sur une solde régulière, augmentée de cadeaux ponctuels de l'empereur, et une retraite lui permettant d'acheter un lopin de terre après sa sortie du service.

Le fer de lance en est la légion, unité de 5 000 hommes, composée de fantassins lourdement armés. Sa subdivision en manipules (160 hommes) et en cohortes (500 hommes) lui permet de s'adapter avec souplesse à toutes les situations et à tous les terrains. Signe du pragmatisme romain, l'armement en est emprunté aux peuples vaincus, tel le glaive d'origine espagnole. Cotte de mailles sous César, la cuirasse est composée de lames de métal « articulées » entre elles à l'époque de l'empereur Trajan (98-117). Des unités auxiliaires, recrutées chez les anciens peuples vaincus, fournissent les cavaliers et les fantassins légers absents des légions. Mobiles et provisoires à l'époque républicaine, les légions se stabilisent sous l'Empire et se fixent sur les frontières à la fin du Ier siècle ap. J.-C. Jalonnée de camps légionnaires, la frontière, le *limes**, présente rarement l'image d'une barrière linéaire comme le mur d'Hadrien en Bretagne (Angleterre). Zone-tampon appuyée sur un réseau de routes et de fortins, le *limes* permet une défense en profondeur autant qu'il peut servir de base à une nouvelle offensive.

■ *Destinée surtout à la reconnaissance et à la poursuite, la cavalerie disposait d'un équipement plus léger que l'infanterie. Ce cavalier porte une cotte de cuir et non une cuirasse articulée.*

■ *Ce casque de cavalier romain, décoré d'un masque, servait sans doute plus à la parade qu'au combat.*

■ *La colonne Trajane célèbre la conquête de la Dacie par Trajan (101-107). Sur ce panneau, l'empereur franchit le Danube sur un pont de bateaux, précédé par les porteurs d'enseignes.*

À Rome, s'il existe à partir d'Auguste un service rapide de messages administratifs, ce n'est que sous Henri IV qu'est initié un service public de communication du courrier. Puis Louis XIV accorde à la Ferme générale des Postes le monopole de la **communication** des lettres et paquets, qui sont ainsi acheminés dans les malles-poste jusqu'au XIXe siècle.

Depuis la mise en orbite du premier satellite de télécommunication géostationnaire en 1964, les applications de ces engins ne cessent de se diversifier. D'abord utilisés pour la téléphonie à longue distance, ils permettent désormais de communiquer à partir de téléphones fixes et mobiles, de diffuser des chaînes de télévision ou de transmettre toutes sortes de données.

Comment gouverner l'Empire

Au fur et à mesure qu'elle conquiert de nouveaux territoires, une question se pose à Rome avec de plus en plus d'insistance : comment organiser et exploiter ces vastes étendues qu'elle domine ? C'est ainsi qu'est élaboré le système provincial.

1 *Bateau transportant des barriques de vin*
2 *Le mur d'Hadrien au nord de la Bretagne*
3 *Enfant portant un cucullus, manteau gaulois*
4 *Maquette d'un camp romain*
5 *Bibliothèque de Celsus à Éphèse*
6 *Tombeau de Palmyre*
7 *La grande colonnade à Palmyre*
8 *Portrait funéraire d'une momie du Fayoum*
9 *Chasse d'animaux exotiques*

Certaines **fourmis** se regroupent pour former d'immenses colonies comprenant plusieurs centaines de fourmilières abritant à elles toutes plus de 150 millions d'individus. Elles forment alors de véritables empires qui conquièrent des territoires de plus en plus vastes en éliminant toutes les fourmis indigènes qui peuvent s'y trouver.

Les **Égyptiens** imposent aux peuples qu'ils soumettent un tribut. C'est un excellent moyen de se procurer certaines denrées rares ou inconnues en Égypte. Les Syriens leur fournissent des chevaux ; les Nubiens, de l'or, du bétail et des animaux exotiques ; enfin les envoyés de Pount leur apportent l'encens qu'ils utilisent pour le culte des dieux.

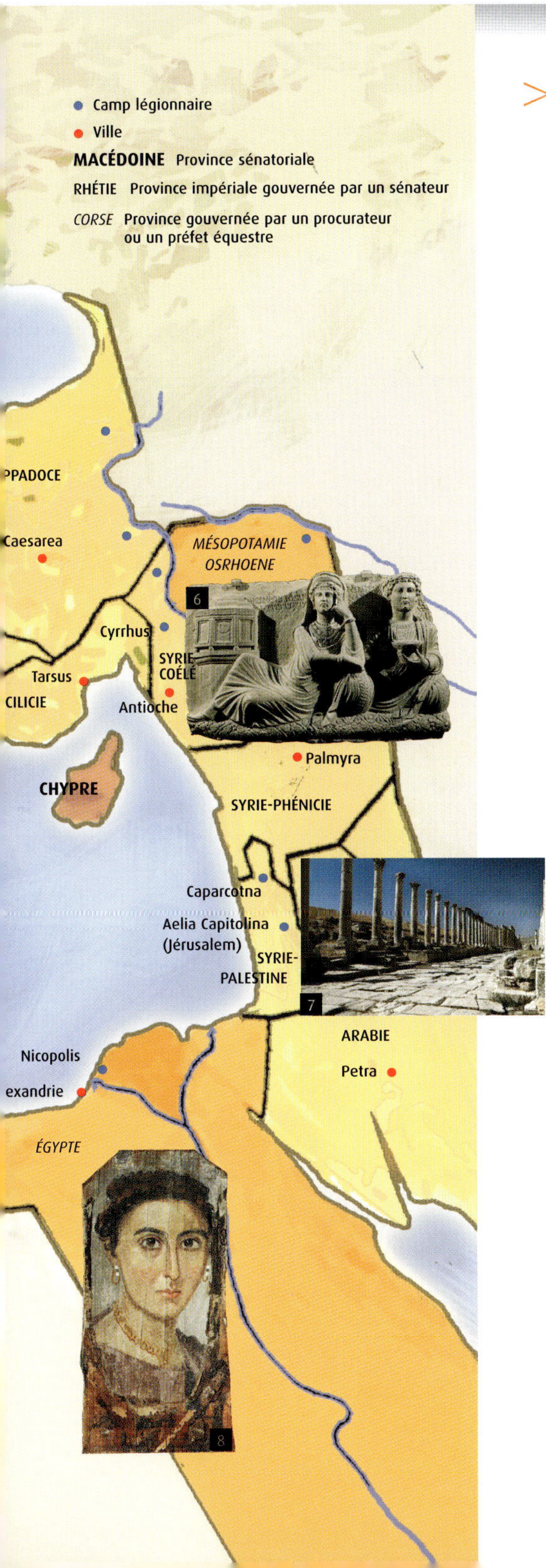

Le terme de « province » désigne un territoire soumis à Rome, dont les habitants ne sont pas citoyens romains. La première province est la Sicile, conquise à l'issue de la première guerre punique, en 241 av. J.-C. L'Empire territorial de Rome connaît son extension maximale au IIe siècle ap. J.-C. mais une telle mosaïque de peuples n'est pas aisée à gouverner, ne serait-ce qu'en raison de la diversité des langues, des cultures et des pratiques. L'habileté de Rome va consister à ne pas imposer autoritairement le droit romain, mais à concilier l'héritage antérieur et ses propres principes.

Ces provinces sont administrées par un gouverneur envoyé par Rome. Il peut s'agir d'un ancien préteur ou d'un ancien consul, pour les provinces les plus riches et les plus prestigieuses, comme l'Afrique (actuelle Tunisie) et l'Asie. Le système est réformé par Auguste en 27 av. J.-C. Il opère un partage des provinces avec le Sénat. Cette assemblée garde la responsabilité des territoires les plus anciennement romanisés et les plus calmes. Lui-même se réserve les provinces les plus récentes et les plus proches des frontières, où la présence d'une garnison est souvent nécessaire. Mais il conserve aussi la riche Égypte, qui vient d'être annexée et qui est devenue le grenier à blé de Rome. Elle sera confiée à un chevalier* en lequel l'empereur a toute confiance, car il craint un soulèvement orchestré par un sénateur ambitieux.

Le gouverneur est le représentant de Rome, mais certains voient surtout dans ce poste un moyen de s'enrichir. Des procès pour corruption viennent parfois frapper les plus avides d'entre eux. Ainsi Verrès, gouverneur de Sicile de 73 à 71, fut accusé par les provinciaux en 70 pour avoir pillé l'île et arraché d'innombrables richesses artistiques aux nobles siciliens. Le grand avocat Cicéron défend les Siciliens et prononce plusieurs discours où il relate en détail les forfaits commis par Verrès. Ce dernier s'enfuit de Rome avant sa condamnation. Auguste met en place une législation plus sévère, mais cela ne suffira pas à éviter à l'avenir toute dérive.

D'autres représentants de Rome sont envoyés pour s'occuper des questions financières, en particulier des impôts. Dans les provinces sénatoriales cette fonction est dévolue à un jeune magistrat, le questeur, alors qu'un chevalier, le procurateur*, en est chargé dans les provinces impériales.

■ *Le chevalier Caius Julius Pacatianus, originaire de Vienne en Narbonnaise, gouverna la Maurétanie et la Mésopotamie. Ses concitoyens l'honorèrent avec une statue en bronze.*

Le **commerce équitable** est une nouvelle organisation des marchés qui veut mettre fin à l'exploitation des petits paysans des pays du « Sud » en les considérant non plus comme des subordonnés mais comme des partenaires.

L'ambre, que les Romains vont chercher en mer Baltique, est une résine fossilisée. Elle provient de conifères qui vivaient à l'ère tertiaire. Des insectes ou des feuilles se sont souvent englués dans cette pâte visqueuse et collante qui s'est ensuite solidifiée autour d'eux.

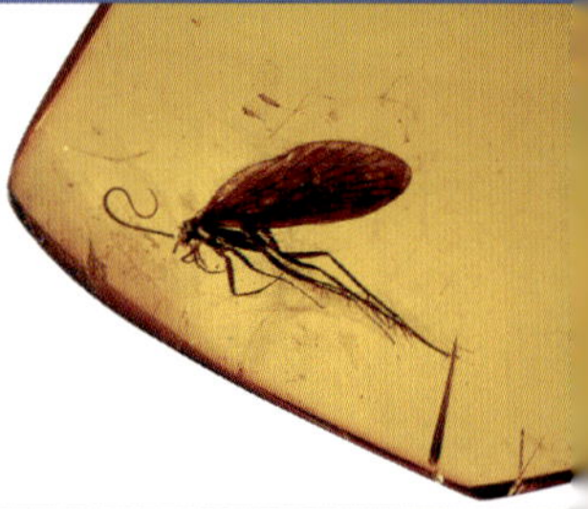

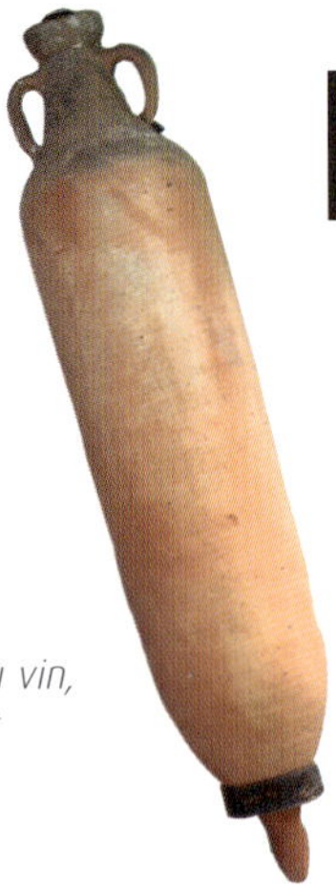

■ *Ce type d'amphore était surtout utilisé pour transporter du vin, plus rarement du garum.*

Le commerce : maritime et dynamique

De nombreuses marchandises sont transportées d'un bout à l'autre de l'Empire, essentiellement par voie d'eau. Il s'agit aussi bien de produits agricoles que de marchandises manufacturées. Le commerce de détail, au cœur des villes, contribue à l'animation des rues.

Le blé est la base de l'alimentation et il est consommé sous la forme de bouillie ou de pain. La seule ville de Rome, avec son million d'habitants, a besoin chaque année de 350 000 tonnes de blé. Elle l'importe des provinces productrices : la Sicile, l'Afrique et l'Égypte. L'huile représente aussi une denrée indispensable, car elle est utilisée dans la cuisine, mais aussi pour l'éclairage (lampes à huile). La Bétique (au sud de l'Espagne) et l'Afrique en sont les principales productrices. Le vin produit en Gaule et en Italie se diffuse dans tout l'Empire.

■ *Dans cette boulangerie de Pompéi, le pistor vend de grosses miches de pain rondes.*

Ces deux produits sont transportés dans des amphores. Des millions de fragments (tessons) d'amphores accumulés au cours des siècles ont formé à Rome une véritable colline artificielle, le Testaccio, qui subsiste encore aujourd'hui. Les gourmets n'hésitent pas à se procurer à prix d'or les mets les plus raffinés, comme les huîtres du lac Lucrin, en Italie, ou des loirs engraissés, que l'on sert saupoudrés de miel et de pavot. Le meilleur *garum*, une sauce à base de morceaux de poisson macérés et décomposés, est à base de maquereau et vient d'Espagne.

Rome est un grand centre d'artisanat de consommation et exporte des lampes à huile et des sarcophages en marbre. Des lampes et de la céramique sigillée (vernissée) rouge fabriquées en Italie se retrouvent dans tout l'Empire et même en dehors de ses frontières.

Les Romains achètent à prix d'or les magnifiques **étoffes en soie** venues de Chine jusqu'à Alexandrie ou Byzance, chargées sur des chameaux. Ils n'imaginent pas que le fil qui a servi à les fabriquer provient du cocon d'un papillon, mais plutôt d'une sorte de laine mystérieuse qui pousse sur certains arbres.

L'unique moyen pour les Européens d'atteindre l'océan Indien pour conquérir les **routes maritimes** de l'Orient dominées par les commerçants arabes était de contourner l'Afrique par le Sud. Ce que fit le premier Vasco de Gama (1469-1524) en atteignant Calicut, le 22 mai 1498.

Les produits de luxe, destinés à une clientèle fortunée (les perles et pierres précieuses, les ivoires et la soie), proviennent aussi du commerce lointain avec des pays comme l'Inde ou l'Arabie Heureuse (le Yémen), ou la Baltique pour l'ambre.

Le transport par voie d'eau, fleuves ou mer, est préféré car moins coûteux et plus rapide que la voie terrestre. Les navires de commerce qui sillonnent la Méditerranée ne le font qu'à la belle saison. En effet, par peur des tempêtes durant l'hiver, la mer est décrétée « fermée » d'octobre à mars. Lorsqu'ils s'embarquent, les marins invoquent la protection du dieu de la Mer, Neptune, et lui offrent un sacrifice une fois arrivés à bon port.

Le commerce de détail, dans les villes, a lieu dans des boutiques appelées *tabernae*, situées au rez-de-chaussée des immeubles. Elles ouvrent de plain-pied sur la rue et les boutiquiers ont tendance à empiéter sur les trottoirs en y installant leurs marchandises – ce qui provoque des encombrements dont se plaignent les Romains. Dans l'Antiquité, les marchands n'ont pas bonne réputation. On les soupçonne d'être prêts à tout pour obtenir des gains et de ne pas hésiter à tromper leurs clients en vendant des marchandises de médiocre qualité à un prix élevé.

▪ *Ces deux reliefs représentent des boutiques. En haut, celle d'un marchand de coussins. En bas, l'étal d'un charcutier.*

▪ *Des portefaix apportent des sacs de blé et les vident dans un récipient qui sert à contrôler les quantités.*

Au **Moyen Âge,** les paysans les plus pauvres sont des serfs. Ils ne peuvent disposer ni d'eux-mêmes, ni de leurs biens, ni de leurs enfants. Attachés à la terre, ils sont vendus avec elle lorsque le seigneur remodèle son domaine foncier.

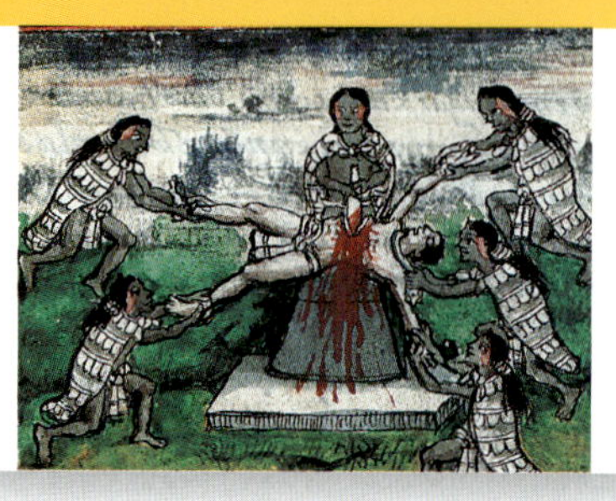

Pour les **Aztèques,** la guerre était le moyen le plus commode de se procurer des prisonniers. Les guerriers ennemis capturés sur le champ de bataille étaient ramenés dans la capitale Tenochtitlan où on les traitait avec de grands égards jusqu'à leur mise à mort au sommet du temple-pyramide.

D'esclave à

> **En mars 71 av. J.-C., 6 000 esclaves suppliciés sur des croix jalonnent la voie Appienne**, route reliant Rome à Capoue, et ce spectacle macabre proclame la victoire de Rome sur la révolte de Spartacus. Pendant deux ans en effet (73-71), ce gladiateur thrace a dirigé une vaste révolte des esclaves d'Italie du Sud, détruit plusieurs armées romaines et même menacé Rome : il fallut lever six légions pour l'écraser. Devenues légendaires, les grandes révoltes serviles n'en furent pas moins rares à Rome.

▪ *Cette scène du film* Spartacus *montre à tort le Thrace mourant sur la croix. Il périt en fait dans son ultime combat contre Rome.*

▪ ***Servant lors d'un banquet,*** *ce jeune esclave porte la tunique courte, vêtement servile par excellence. Choisis pour leur beauté, ces esclaves pouvaient espérer un affranchissement rapide.*

En **Égypte,** la plupart des esclaves étaient des prisonniers de guerre et les besoins en main-d'œuvre tellement importants que de nombreuses campagnes militaires entreprises par les pharaons n'avaient pas d'autres buts que de razzier des travailleurs pour effectuer les tâches pénibles et dangereuses.

En Méditerranée pour manœuvrer sa flotte de **galères,** Louis XIV recrute de force dans ses prisons 12 000 forçats qui sont traités comme des esclaves ; on les marque au fer rouge sur l'épaule avec les lettres GAL pour « galérien ».

affranchi

Procuré par les conquêtes, l'esclavage fournit aussi bien la main-d'œuvre des grandes villas que le personnel domestique. Grâce à l'affranchissement, l'esclave peut espérer monter dans l'échelle sociale.

Limité à l'origine, l'esclavage devient un phénomène massif à Rome à partir du IIe siècle av. J.-C., sous l'impulsion des conquêtes et du développement de l'agriculture spéculative. D'énormes masses de prisonniers de guerre s'écoulent sur le marché, tel le million de Gaulois vendus après la victoire de César sur Vercingétorix en 52 av. J.-C. Les grandes villas, domaines ruraux tournés vers la production de vin et d'huile, en font leur main-d'œuvre privilégiée, mais l'esclavage fournit aussi bien la domesticité des grandes maisons. Seul le statut juridique unifie ce groupe qui présente par ailleurs des situations sociales très différentes. Aux yeux du droit, l'esclave n'est qu'une chose et le maître a le droit de le tuer et de le battre. La condition des esclaves ruraux est assez dure : ils travaillent parfois enchaînés et les maîtres les empêchent d'avoir des relations amoureuses car elles gêneraient leur activité. En revanche, les esclaves citadins jouissent souvent des avantages apportés par la proximité quotidienne du maître et beaucoup vivent en couple.

■ *Lors des ventes d'esclaves,* *les marchands ne devaient rien cacher de leur corps, car leur prix dépendait de leur état physique, ainsi que de leurs compétences techniques ou culturelles.*

■ *La laideur et les traits négroïdes* *de cette statuette représentant un esclave témoignent du mépris attaché à l'esclavage.*

Les esclaves urbains ont aussi plus de chances d'obtenir l'affranchissement, qui est couramment pratiqué à Rome. Selon un principe qui surprend beaucoup les Grecs, un esclave affranchi* devient non seulement libre mais obtient aussi les droits du citoyen romain (à l'exception du droit aux magistratures). Très nombreux parmi la plèbe urbaine, les affranchis dominent les métiers du commerce et de l'artisanat, méprisés par les aristocrates. Sous l'Empire, ils fournissent le personnel de la bureaucratie centrale et la domesticité du palais – ce qui leur confère une grande influence politique. À l'époque de Néron (54-68), l'affranchi Pallas joue le rôle d'un ministre des Finances, amasse une énorme fortune et devient même l'amant de l'impératrice Agrippine, mère de l'empereur. Au début du IIe siècle ap. J.-C., l'historien Tacite note amèrement que beaucoup de sénateurs descendent d'affranchis enrichis. Si l'esclavage est un instrument d'oppression, il représente aussi un facteur d'ascension sociale.

Il y a environ 10 000 ans au Proche-Orient, l'Homme est parvenu à domestiquer les premières **plantes**, après les avoir cueillies, cultivées et sélectionnées. Parmi elles, l'engrain sauvage, l'ancêtre du blé, pousse encore à l'état naturel dans les vallées d'Anatolie.

Dans les années 1930 aux États-Unis, le surpâturage et de mauvaises méthodes agricoles ajoutés à une longue période de sécheresse provoquèrent d'immenses **tempêtes de sable**, appelées *Dust Bowls*. Elles forcèrent des milliers de fermiers réduits à la famine à aller chercher du travail dans les villes.

Terre et paysans : un monde

Malgré des évolutions incontestables au cours des siècles, le monde paysan reste très divers et comprend aussi bien de riches domaines que des lopins misérables. Mais certains problèmes, comme l'insécurité, touchent tous les habitants et persistent.

> **Les campagnes sont divisées en villages,** les *uici*, qui regroupent des paysans libres, petits propriétaires, et dépendent de la cité sur le territoire de laquelle ils se trouvent. On y trouve aussi un habitat dispersé, avec des villas* rurales. Ces dernières, de taille très variable, comprennent une partie réservée aux quartiers d'habitation, la *pars urbana*, et une partie regroupant les locaux d'exploitation, comme les granges, les étables et les celliers, appelée *pars rustica*. Les villas dites « suburbaines » (dans la proximité immédiate d'une ville) sont en général spécialisées dans des productions intensives de haut rapport, destinées à la consommation urbaine (fruits, légumes, volailles). Un petit élevage de luxe s'est ainsi développé, tel celui des paons, très recherchés sur les tables des gourmets.

Les exploitations rurales sont de taille très variable. Les petits propriétaires pratiquent une agriculture vivrière et un modeste élevage. Outre le blé, l'orge, les fèves, le chou et les lentilles sont également cultivés, car ils constituent la base d'une alimentation frugale. Sur les exploitations plus importantes, une partie du domaine est cultivée par des esclaves, alors qu'une autre part est divisée en parcelles confiées à des petits paysans, les colons, dont un contrat fixe le loyer, souvent versé en nature.

À la fin du IIe siècle av. J.-C., l'arrivée massive de prisonniers de guerre réduits en esclavage bouleverse l'agriculture italienne. Les propriétaires

Les conquistadores ne rapportèrent pas que de l'or des Amériques, mais aussi de nombreuses plantes que les **Indiens** étaient parvenus à domestiquer. Parmi elles figurent des espèces qui constituent une part importante de notre alimentation comme la pomme de terre, la tomate, le maïs, le haricot ou la courge.

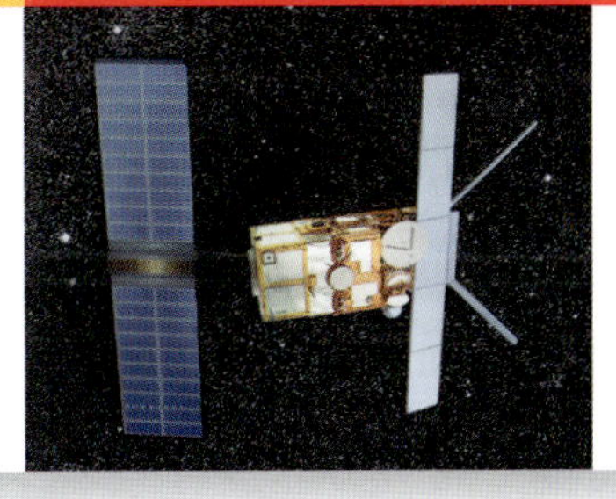

Désormais les **satellites** constituent un outil essentiel pour ausculter la planète et détecter les éventuels maux dont elle souffre. Capables de « voir » la nuit et à travers les nuages grâce à leur radar, ils permettent de surveiller les déforestations, d'estimer la biomasse ou de détecter des feux de forêts.

très divers

des *latifundia*, grandes propriétés, emploient des centaines d'esclaves, les préférant aux hommes libres, qui ont le défaut d'être mobilisables. Ils résident le plus souvent à la ville et confient leurs domaines à un intendant, le *vilicus**. Ils privilégient sur leurs exploitations des cultures rentables, comme la vigne et l'olivier. Parmi les crus, certains sont très réputés, comme le *falerne* de Campanie. L'élevage transhumant se développe, avec de grands troupeaux sous la conduite de bergers esclaves. L'agriculture demeure routinière et peu productive. La terre reste en jachère une année sur deux. Quelques innovations se font toutefois jour, comme la moissonneuse, constituée d'une caisse dentée poussée par un mulet, qui apparaît dans le Nord-Est de la Gaule au IIIe siècle ap. J.-C.

Les paysans ont à se plaindre d'exactions, en particulier de la part des soldats de passage qui exigent d'être logés. Les zones rurales sont parfois infestées de brigands qui attaquent et rançonnent les voyageurs imprudents. Les esclaves ruraux, souvent mal traités par leurs maîtres, n'hésitent pas à se révolter. Ainsi, des milliers d'entre eux rejoignent le gladiateur Spartacus quand celui-ci se soulève (73 av. J.-C.) et met sur pied une véritable armée contre Rome.

■ *Lors de la fondation d'une cité romaine,* *le fondateur délimite une enceinte sacrée, le pomerium*, en traçant un sillon avec une charrue attelée de deux bœufs. Il reproduit ainsi les gestes du laboureur.*

■ *Les scènes sur ces mosaïques symbolisent les quatre saisons.*
printemps : les semailles ;
été : la récolte du chaume ;
automne : la cueillette du raisin sous une treille ;
hiver : le tressage de paniers.

C'est durant le haut **Moyen Âge,** à partir du XIe siècle, que les villes se réorganisent grâce à la croissance démographique et à l'expansion du commerce. Progressivement leurs habitants, les bourgeois, vont s'associer et remettre en cause le pouvoir seigneurial.

À l'époque de la conquête espagnole, la ville de Mexico était une des plus grandes métropoles de son temps. Protégée par une digue, elle était construite sur un marécage. Entourée de jardins flottants, elle comptait de nombreux palais et en son centre un immense sanctuaire où les **Aztèques** pratiquaient des sacrifices humains.

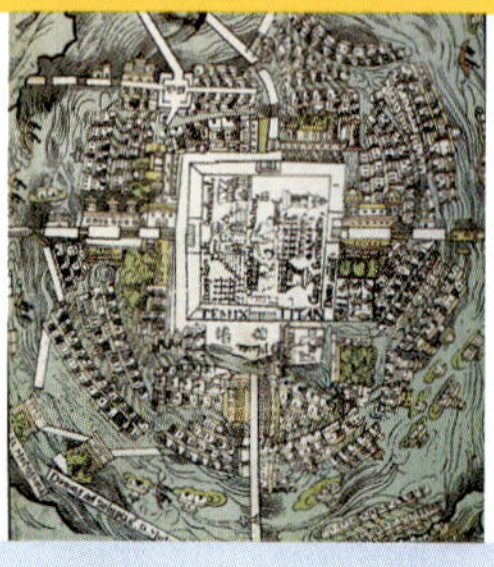

■ *La ville de Timgad, fondée sous le règne de Trajan, en 100 ap. J.-C., représente le modèle idéal de la ville romaine, avec son plan orthogonal et ses rues se coupant à angle droit.*

Le monde des cités

Le modèle romain va se diffuser à travers l'Empire par le biais de la civilisation urbaine et du modèle de la cité. Certains bâtiments et pratiques se retrouvent, avec parfois quelques adaptations, de la Bretagne au désert de Judée.

Si les progrès techniques ne permettent pas encore la construction de villes ou d'usines sur d'autres planètes du système solaire, l'Homme ne renonce pas à coloniser l'**espace**. Dans les prochaines années, six spationautes devraient séjourner en permanence dans une Station spatiale internationale, alimentée en énergie par 400 m² de panneaux solaires.

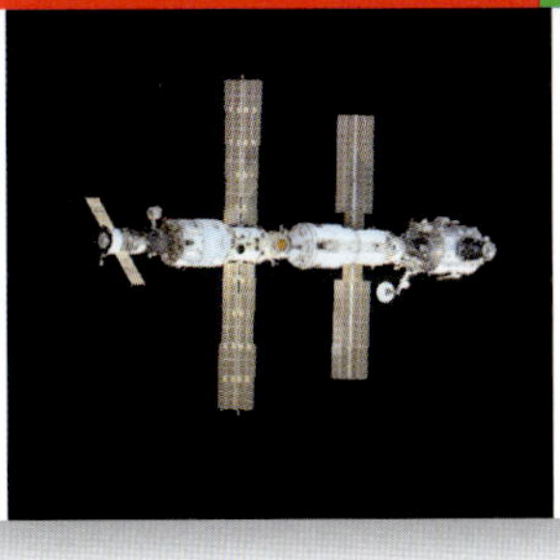

Le pont du Gard est l'aqueduc le plus haut du monde (49 m). Il a pu être édifié grâce à l'invention par les Romains d'un liant résistant à l'humidité. Ce fameux « ciment romain » était fait à partir d'un mélange de chaux et de **cendres volcaniques** : la pouzzolane.

L'élément de base du monde romain est constitué par la cité, qui comprend à la fois une ville et son territoire. Certaines provinces, en particulier dans la partie orientale de l'Empire, comptaient déjà de nombreuses cités avant la conquête romaine. Dans d'autres zones, comme la Gaule, Rome va fonder des cités, qu'elle conçoit comme un profond vecteur de romanisation. Ces nouvelles implantations sont tracées selon un plan rigoureux. Le croisement de deux axes se coupant à angle droit, le *cardo* (N-S) et le *decumanus* (E-O), définit un quadrillage orthogonal, composé d'îlots : les *insulae**.

Plusieurs types de cités existent. La colonie est vue comme une émanation de Rome, dont elle imite les institutions, avec un sénat, des magistrats élus tous les ans et une assemblée du peuple. Les autres cités comprennent aussi des institutions de ce genre, même si elles possèdent plus de latitude par rapport au modèle romain. Ainsi les magistrats suprêmes de la cité, à l'image des consuls romains, sont au nombre de deux dans les colonies*, mais des collèges de huit sont attestés dans certaines cités d'Italie centrale. Les cités les plus anciennes convoitent le statut de cité libre, qui les met hors du pouvoir du gouverneur de province, mais Rome ne l'accorde qu'avec parcimonie, récompensant ainsi ses alliées les plus fidèles.

▪ *La rue romaine est longée de trottoirs et bordée de boutiques qui en font un lieu très animé.*

▪ *Le capitole d'Ostie domine le forum du haut de son podium. Le marbre qui recouvrait les murs de briques a aujourd'hui disparu.*

Toute cité romaine comporte une place centrale, le *forum*, théoriquement à l'intersection du *cardo* et du *decumanus*. Il est souvent dominé par un temple dédié à la Triade Capitoline (Jupiter, Junon, Minerve), qui se trouve au sommet d'un haut podium destiné à rappeler la colline du Capitole, à Rome même, où se trouve le temple de ces trois divinités. On trouve également une basilique*, édifice civil qui revêt de multiples fonctions : il sert à la fois de tribunal où les magistrats rendent la justice, de halle couverte où les changeurs et banquiers dressent leurs comptoirs, et de salle des pas perdus.

▪ *Le Forum républicain, centre politique de la ville de Rome, constitue un modèle pour toutes les cités de l'Empire.*

Les constructions de la ville de Rome sont un modèle pour toutes les villes de l'Empire, qui veulent se parer de thermes et d'édifices de spectacle. Leur volonté de rivaliser avec les cités voisines les conduit parfois à se lancer dans des programmes de construction démesurés et à s'endetter lourdement. Pour tenter de remédier à cette situation, les empereurs, à partir du IIe siècle ap. J.-C., chargent des sénateurs de confiance, les curateurs, de remettre en ordre les finances municipales. L'aménagement urbain doit aussi se soucier du ravitaillement en eau, mais la construction d'aqueducs s'avère fort coûteuse. Ceux-ci alimentent de nombreuses fontaines.

Les ossements des gros animaux ont souvent servi de matériau de construction. Ce fut le cas, il y a 15 000 ans, avec les mammouths en Ukraine, mais aussi et encore récemment avec les **baleines** dont les côtes servaient à clôturer les jardins et les vertèbres étaient transformées en tabourets.

Après les Romains, le ciment cessa d'être utilisé. À la fin du XVIIIe siècle, on redécouvre ses avantages, puis le Français Louis Vicat et l'Anglais J. Aspdin inventent les ciments artificiels. Depuis, ce matériau sous la forme du béton armé ou précontraint a permis la construction des **ouvrages architecturaux** les plus étonnants, tel le viaduc de Millau.

Un habitat contrasté

Les fouilles de Pompéi ont bien fait connaître la *domus* des notables, organisée autour d'un atrium et d'un péristyle. Mais les gens modestes s'entassent dans les petites chambres des immeubles, *insulae*, majoritaires à Rome.

■ *Cette* insula *d'Ostie, port de Rome, est construite en brique, matériau bon marché et facile à fabriquer. Les grandes baies du rez-de-chaussée ouvraient sur des boutiques* (taberna).

■ *L'atrium : pour recevoir les clients et amis du maître de maison.*

■ *Vestibule : pour accueillir les visiteurs.*

■ *Boutique louée à un commerçant.*

Le 24 août 79 ap. J.-C., l'éruption du Vésuve, près de Naples, détruit les villes de Pompéi et d'Herculanum : les cendres volcaniques s'abattent sur la première tandis que des torrents de boue recouvrent la seconde. Prises dans leur gangue de lave solidifiée, les deux villes sont ainsi préservées et livrent des renseignements précieux sur la vie quotidienne lorsque les premiers archéologues les redécouvrent au XVIIIe siècle. Elles s'imposent aussitôt comme la première source de renseignements sur la maison romaine.

Les deux cités présentent spécialement beaucoup d'exemples de maisons habitées par les gens aisés : la *domus.** À l'origine organisée autour d'une pièce quadrangulaire, l'atrium*, elle se dote, au IIe siècle av. J.-C., d'un second noyau, le péristyle, cour-jardin entourée

La Cappadoce turque abrite d'étonnantes habitations troglodytiques. Elles furent creusées dans des **cônes de tuf volcanique** façonnés par l'érosion, entre le VIIIe et le XIe siècle, par des communautés chrétiennes grecques qui y aménagèrent des sanctuaires et des habitations parfaitement imperméables et aérées.

Les **récifs coralliens** abritent une faune extrêmement variée dont les poissons-perroquets qui doivent leur nom à leurs dents soudées en forme de bec. Grâce à ce puissant instrument, ils peuvent racler le corail sur lequel poussent les algues dont ils se nourrissent.

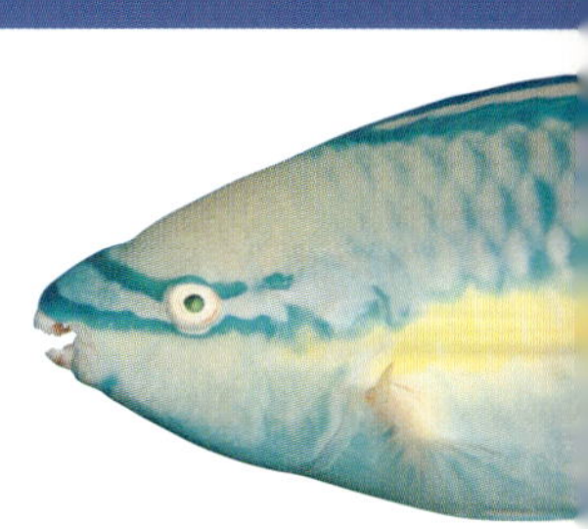

d'une colonnade, d'inspiration grecque. Le toit percé d'un trou correspondant à un bassin au sol, l'atrium est entouré de pièces de réception (*triclinium* : salle à manger) et de service (cuisine, chambre des esclaves). Autour du péristyle se déploient les chambres familiales et des salons réservés à l'accueil des intimes. Si l'atrium est plus tourné vers la réception, il ne faut pas en conclure que les parties publique et privée sont séparées de façon fixe et rigide. Selon les moments, les pièces peuvent recevoir des fonctions différentes et le péristyle peut jouer aussi un rôle public. Cette souplesse de l'espace domestique s'accroît au IIe siècle ap. J.-C. lorsque l'atrium disparaît.

■ *Résidence de l'élite, la* domus *était conçue pour affirmer la puissance et la richesse de son propriétaire.*

■ *Sur le seuil des maisons,* des mosaïques représentaient des chiens avec l'indication « chien méchant » (cave canem) pour décourager les intrus.

■ *Parmi les boutiques installées au rez-de-chaussée des maisons, on reconnaît facilement le* thermopolium*, « bar » romain, grâce à son comptoir creusé de trous pour les amphores.*

L'atrium n'en a pas moins été le cœur de la maison pendant des siècles. Il abrite le laraire, autel des cultes domestiques, et les masques de cire des ancêtres, rangés dans des armoires, si la famille est noble. Dans un coin se trouve le *tablinum*, pièce servant de bureau, et tous les matins, les clients du maître de maison se pressent dans l'atrium pour le saluer. Issus le plus souvent de la plèbe, ces clients résident dans des logements bien plus modestes, les appartements des *insulae*. Immeuble de six ou sept étages, construit en brique et en bois, l'*insula* est surtout présente dans les grandes villes comme Rome ou son port, Ostie. Son organisation marie mixité et hiérarchie sociales. Si le premier étage présente un appartement luxueux, les derniers niveaux sont divisés en petites pièces de 20 m², où s'entassent des familles entières. Mais tous les résidents souffrent du bruit : le philosophe Sénèque se plaint ainsi des sons du ballon et des cris des gens qu'on épile provenant d'un établissement de bains voisin (v. 60 ap. J.-C.).

Dans la tradition indienne, la danse est non seulement un divertissement, mais aussi un moyen de transmettre au plus large public les mythes et la littérature ancienne. Dans cet art où l'improvisation n'existe pas, un **répertoire de gestes des mains** et d'expressions du regard permet d'exprimer une gamme de sentiments que le public reçoit et décode.

Avant l'arrivée des conquistadores, tous les peuples de l'Amérique centrale, comme les **Mayas** ou les **Aztèques**, pratiquaient un étonnant jeu de balle. Il donnait lieu à des paris importants mais était aussi une cérémonie religieuse destinée à assurer la victoire de la lumière solaire sur l'obscurité de la nuit.

■ *À l'imitation du théâtre grec, certains acteurs portaient des masques, renvoyant à des personnages stéréotypés. Mais la plupart se grimaient plutôt à l'aide d'un maquillage violent.*

Une civilisation de loisirs

> **Vaste ovale de pierre, le Colisée dresse encore sa carcasse à moitié démantelée au centre de Rome, à deux pas du Forum.** L'empereur Vespasien (69-79) décida de le construire à la place de l'ancien palais de Néron, la Maison Dorée, près d'une statue colossale de ce souverain (d'où son surnom). Inauguré par Titus en 80 ap. J.-C., dédié aux combats de gladiateurs, l'amphithéâtre Flavien – tel était son nom officiel – pouvait accueillir 50 000 personnes. Sa présence massive révèle l'importance des spectacles dans la civilisation romaine.

Les Romains distinguent deux types de spectacles mais leur origine est, dans les deux cas, religieuse. Lors des fêtes religieuses, des jeux, *ludus**, sont offerts aux dieux par la cité, sous la forme de pièces de théâtre et de courses de chars. Les magistrats chargés de les organiser, les édiles, y consacrent toute leur attention car leur popularité en dépend. À l'opposé, les combats de gladiateurs, *munus**, sont des cérémonies privées, célébrées lors des funérailles pour apaiser les âmes des morts. Mais les hommes politiques de l'époque républicaine prennent l'habitude d'offrir des combats somptueux pour favoriser leur carrière, et l'empereur Auguste (27 av. J.-C. – 14 ap. J.-C.) en tire les conséquences en instaurant un *munus* public, monopolisé par le souverain. Si les Romains n'ont jamais oublié cette dimension religieuse, il n'en reste pas moins que les spectacles deviennent la pièce maîtresse d'une civilisation de loisirs, qui connaît son apogée au début de l'Empire.

Les spectacles investissent alors une grande partie du temps et de l'espace romains. Les jeux occupent 135 jours par an au IIe siècle ap. J.-C. et la ville de Rome se couvre d'immenses monuments destinés à les accueillir, tel le cirque Maxime, destiné aux courses de chars, fort de 250 000 places. Tout Rome est dans le cirque, quand les cochers, répartis en quatre écuries reconnaissables à la couleur des casaques (bleu, vert, rouge, blanc), effectuent leurs sept tours sur la piste. Leur popularité n'a d'égale que celle des gladiateurs. Composés de prisonniers de guerre mais aussi de volontaires, ces derniers se répartissent en plusieurs groupes définis par leur armement, comme les mirmillons, au casque surmonté d'un poisson, ou les rétiaires, maniant le filet et le trident. Ils combattent à mort et seul

■ *Sous l'Empire, le munus commençait le matin par des « chasses » : des combats entre des bêtes féroces et des gladiateurs appelés « bestiaires ».*

Quand ils apparaissent durant le XIe siècle, les **tournois** ne sont d'abord que des affrontements en rase campagne entre deux groupes armés de combattants à cheval. C'est seulement à partir du XIIIe siècle qu'ils deviennent des spectacles codifiés organisés par un seigneur : des joutes entre deux adversaires se mesurant dans un champ clos.

En plus des grandes fêtes religieuses, la vie des cités au **Moyen Âge** était rythmée par les carnavals. Ces festivités étaient de véritables soupapes de sûreté, pendant lesquelles le peuple dénonçait les puissants et les injustices passées ; pour un temps, la critique devenait la règle.

Les spectacles se composent des jeux (théâtre et chars) et des combats de gladiateurs. D'origine religieuse, ils acquièrent un rôle central dans la civilisation de loisirs qui s'épanouit à l'époque impériale.

■ *Ce quadrige contourne les* metae, *trois bornes qui précédaient le terre-plein central (spina) du cirque. Il doit éviter de les heurter ce qui entraînerait son « naufrage ».*

le public peut sauver la vie du vaincu en réclamant sa grâce à l'empereur. Pour les Romains, un tel spectacle n'a rien de cruel car les gladiateurs méritent leur sort : c'est au contraire une école de courage pour les spectateurs.

■ *La forme du Colisée découle de la réunion de deux théâtres mais les architectes romains en ont accentué le caractère ovale pour améliorer la vision des spectateurs.*

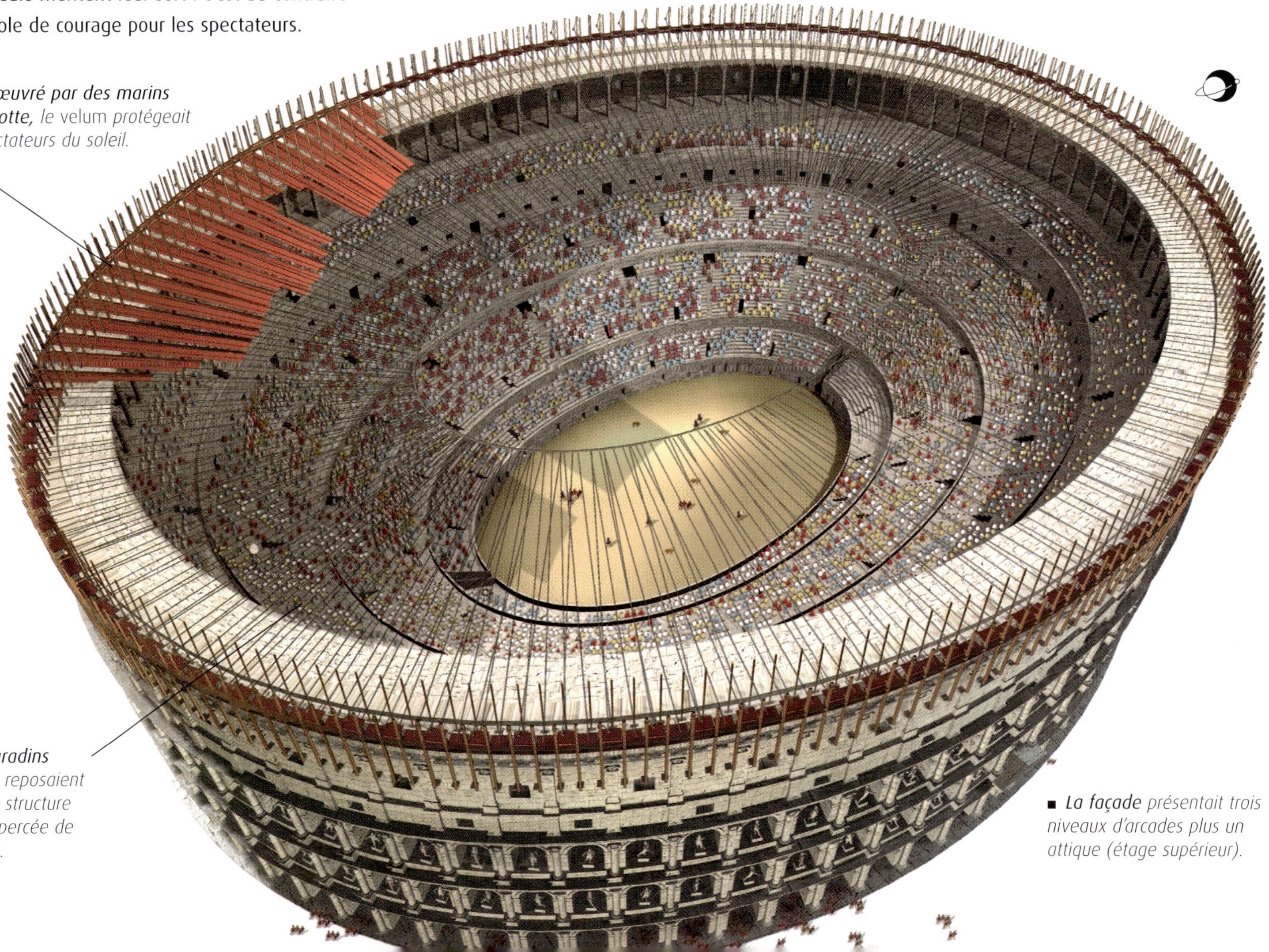

■ *Manœuvré par des marins de la flotte, le* velum *protégeait les spectateurs du soleil.*

■ *Les gradins (cavea) reposaient sur une structure creuse percée de couloirs.*

■ *La façade présentait trois niveaux d'arcades plus un attique (étage supérieur).*

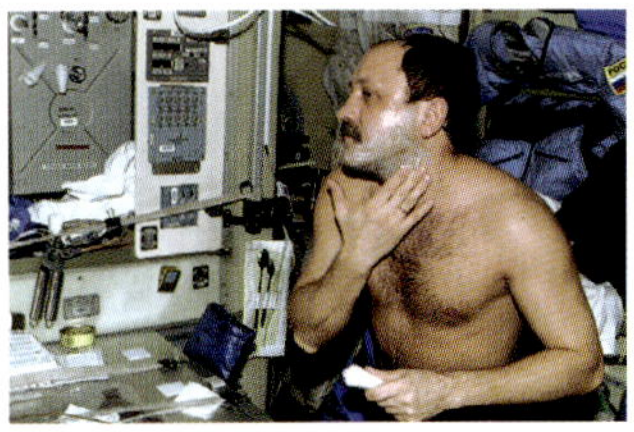

Lorsque les spationautes se lavent à bord de la **Station spatiale internationale,** ils le font en observant quelques règles : ils utilisent des serviettes humides aux propriétés désinfectantes pour le corps, s'essuient avec des serviettes sèches et « recrachent » le dentifrice dans des petites compresses.

Le « grooming », cette habitude qu'ont la plupart des singes de se nettoyer réciproquement le pelage, est pour eux un **moyen essentiel de communiquer.** Les différentes façons dont ils le pratiquent sont toujours des indications sur les interrelations sociales qui existent dans le groupe.

Les thermes :

■ *Même des villes d'importance moyenne comme Pompéi avaient plusieurs édifices thermaux, aux salles décorées de stucs et de vasques de marbre.*

■ *Ces pilettes de brique soutenaient le plancher des thermes. L'air chauffé par une fournaise circulait entre elles.*

> **L'entrée des thermes ne coûte pas grand-chose, elle est même parfois gratuite.** Tous les Romains peuvent donc y avoir accès. Des établissements thermaux sont construits dans toutes les villes de l'Empire et certaines se sont même dotées de plusieurs édifices de ce type. Ainsi, Timgad, en Afrique, avait treize thermes répartis dans ses divers quartiers.

Le plan des thermes suit des principes bien établis et se caractérise par sa symétrie. Il comprend deux moitiés rigoureusement identiques, disposées autour d'un axe central. L'établissement de bains lui-même se situe au centre d'un vaste parc. Les édifices construits rivalisent de somptuosité et de gigantisme. L'empereur Caracalla (211-217) fait édifier à Rome des thermes qui s'étendent sur plus de 110 000 m^2. Les innovations techniques s'y déploient : un système de chauffage par le sol permet d'atteindre 55 °C dans les pièces chaudes. De tels édifices nécessitent des quantités importantes de bois pour le chauffage, mais également beaucoup d'eau ; aussi des aqueducs sont-ils construits pour les alimenter.

■ *Cette reconstitution de thermes permet d'imaginer la somptuosité et le gigantisme de tels édifices. Le recours à la coupole était fréquent. Les sols étaient souvent ornés de marbres de couleur vive qui formaient des dessins géométriques.*

L'eau douce est un élément indispensable à la survie de tous les êtres vivants, mais c'est aussi une denrée rare et fragile que l'industrie, l'agriculture et l'urbanisation souillent et polluent de plus en plus et finissent par rendre impropre à la consommation.

Les émanations soufrées sont depuis longtemps connues pour leurs vertus curatives et les Romains soignaient leurs affections respiratoires en prenant des bains de vapeur dans des sortes de saunas, construits sur les pentes des **volcans**. Au Japon, on ensevelit les malades sous le sable chaud volcanique pour calmer les douleurs rhumatismales.

un complexe culturel

Les thermes ne sont pas seulement des édifices voués à l'entretien du corps. Ce sont aussi de véritables complexes culturels, où les Romains peuvent passer de longs moments au cours de leur journée, et des lieux de sociabilité.

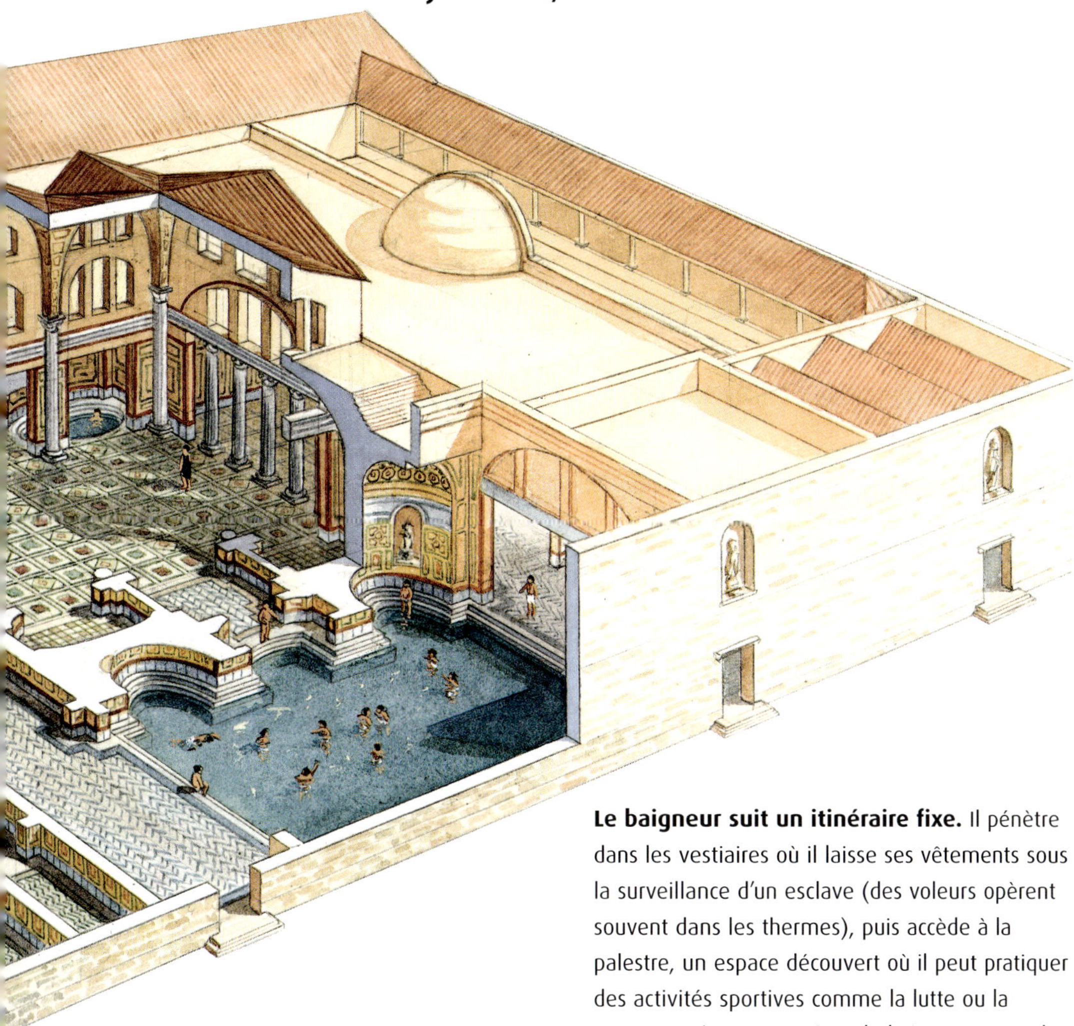

■ *Cet athlète, après l'exercice physique, nettoie sa peau enduite d'un mélange d'huile et de poussière au moyen d'un racloir : le strigile.*

Le baigneur suit un itinéraire fixe. Il pénètre dans les vestiaires où il laisse ses vêtements sous la surveillance d'un esclave (des voleurs opèrent souvent dans les thermes), puis accède à la palestre, un espace découvert où il peut pratiquer des activités sportives comme la lutte ou la course. Après ces exercices, le baigneur se rend dans le *caldarium*, la salle chaude, puis passe par le *tepidarium*, salle tiède, avant d'arriver dans la salle froide, le *frigidarium*, et de plonger dans la piscine d'eau froide, souvent en plein air. Il peut ensuite flâner et se délasser en se promenant dans les jardins qui entourent les bains. Là sont disposées des œuvres d'art – ce qui fait de ces espaces de véritables musées. Des lectures d'œuvres littéraires et des concerts se déroulent dans des salles annexes, et des bibliothèques sont également à la disposition du public.

Toutes les composantes de la société se retrouvent aux thermes. Pauvres et riches s'y côtoient, et les parasites en quête d'un bon dîner s'attachent aux pas des vaniteux. Les empereurs eux-mêmes aiment à s'y rendre, afin de se montrer proches de leur peuple. La mixité des établissements suscite les critiques des moralistes, et l'empereur Hadrien (117-138) décide que désormais hommes et femmes seront séparés.

Au Japon, le mont Fuji est non seulement le symbole du pays, mais aussi un dieu pour la religion Shinto. Aussi chaque printemps et depuis des siècles, des centaines de milliers de pèlerins gravissent le **volcan** – ce qui fait de lui la montagne la plus visitée au monde.

Mars, qui verra sans doute des humains fouler sa surface au cours du XXIe siècle, est une planète que les hommes observent depuis fort longtemps. Les Romains, pour qui sa teinte rougeâtre due aux composés ferreux de son sol évoquait la couleur du sang, l'avaient associée à une divinité essentielle de leur panthéon : le dieu de la Guerre.

Les dieux sont tombés du ciel

Religion polythéiste, la religion romaine connaît une multitude de dieux, dont la personnalité doit beaucoup à l'influence grecque. Par l'observation scrupuleuse des rites, Rome cherche à s'assurer leur protection, la « paix des dieux ».

▪ *Les amours du dieu de la Guerre, Mars (à gauche avec le casque), et de la déesse de l'Amour, Vénus (à gauche, assise), alors que celle-ci était mariée au dieu-forgeron Vulcain, sont l'un des thèmes favoris des peintres romains.*

▪ *Déesse asiatique de la Végétation à peine hellénisée, l'Artémis d'Éphèse porte un plastron couvert de testicules de taureau. Sa gaine est décorée d'animaux, symbole de son pouvoir sur la nature.*

Les **Égyptiens** croyaient que la boulette d'excrément que pousse le scarabée sacré figurait la Terre et que l'insecte la roulait du lever au coucher du Soleil. Ils pensaient aussi que ses antennes figuraient les rayons de l'astre et que les 36 segments de l'extrémité de ses pattes représentaient les jours du mois.

Quand les prêtres **embaumeurs égyptiens** entouraient le corps de la momie de bandelettes, ils prenaient soin de placer des amulettes au bon endroit comme un œil oudjat sur le ventre, un scarabée sur le cœur et aussi des nœuds d'Isis ou des piliers Djed.

En 249 av. J.-C. lors de la première guerre punique, la flotte romaine se prépare à affronter la flotte carthaginoise au large de Drépane, en Sicile. Les Romains cherchent à savoir si les dieux leur sont favorables en interprétant l'appétit des poulets sacrés mais les volatiles refusent justement de manger. Excédé, le consul Publius Claudius Pulcher les fait jeter à la mer en s'écriant : « Qu'ils boivent s'ils ne veulent pas manger ! » Quelques heures plus tard, il subit une sévère défaite qui n'étonne personne puisqu'il a défié la volonté des dieux.

Les Romains prétendent en effet devoir leurs victoires au fait d'être les hommes les plus religieux de la Terre. À l'origine, les divinités romaines se présentent comme de simples forces impersonnelles favorisant les activités agricoles ou guerrières mais l'influence grecque leur confère rapidement une personnalité individuelle. Assimilées à leurs équivalents du panthéon grec, elles adoptent leurs traits, leurs compétences et leurs mythes. Ainsi, Vénus, simple déesse des Potagers, est-elle identifiée à la déesse de l'Amour, Aphrodite. Selon le modèle grec, une hiérarchie plus ou moins stricte place au sommet de la foule divine les douze dieux de l'Olympe, eux-mêmes dirigés par Jupiter, dieu du Ciel à la foudre redoutable. Comme tout polythéisme, la religion romaine est accueillante aux nouveaux dieux et l'époque impériale voit le succès des cultes venus d'Orient, comme l'Égyptienne Isis, déesse de la Fécondité et protectrice de la navigation.

Le rapport du Romain aux dieux n'implique ni croyance ni adhésion individuelle. Le but des cultes est d'abord d'assurer de bonnes relations entre la cité et les divinités : la « paix des dieux » (*pax deorum*). Pour y parvenir, il faut d'abord connaître la volonté divine au moyen de techniques diverses, telles que le vol des oiseaux, interprété par les augures*, ou l'examen des entrailles des bêtes sacrifiées, pratiqué par les haruspices*. Il faut ensuite exécuter les rites de façon scrupuleuse, car la religion romaine est une religion du faire et non du croire. Toute modification du rituel entraîne l'annulation, et la réédition, de la cérémonie. Ainsi, deux fois par an, en mars et en octobre, pour marquer l'ouverture et la fermeture de la saison guerrière, les douze saliens, prêtres du dieu de la Guerre Mars, exécutent-ils une danse, équipés de boucliers tombés du ciel. Ils chantent un hymne incompréhensible en latin archaïque, dont chaque parole doit être respectée si l'on veut satisfaire le dieu.

▪ *Le dieu iranien Mithra égorge un taureau dont le sang doit sauver le monde, menacé par la sécheresse.*

▪ *Installée dans un laraire, cette petite statue de Jupiter représente le roi des dieux sous son aspect canonique, visage barbu et foudre à la main.*

▪ *La déesse égyptienne Isis, à moins que ce ne soit l'une de ses prêtresses, porte ses insignes : le sistre (crécelle) à la main droite et le nœud, symbole de vie, sur la poitrine.*

Borobodur, à Java (Indonésie), construit avec 1 600 000 blocs taillés dans une **roche volcanique**, l'andésite, est l'un des plus beaux et des plus grands temples bouddhiques de l'Asie du Sud-Est. Englouti par la jungle, il sombra néanmoins dans l'oubli pendant près de 1 000 ans et ne fut redécouvert qu'en 1814.

En Angleterre, les **hommes du néolithique** ont érigé, entre 3100 et 1100 av. J.-C., le plus célèbre des monuments mégalithiques du monde : Stonehenge. On pense que ces énormes pierres levées étaient une sorte de centre cérémoniel dont l'orientation permettait d'établir la date du solstice d'été et ainsi le calendrier agricole de l'année.

■ *L'empereur Marc Aurèle brûle des grains d'encens sur un autel portatif, première étape du sacrifice.*

■ *Le Panthéon était dédié à tous les dieux (sens du mot) mais surtout au culte impérial. Sa coupole symbolise le cosmos, l'univers dominé par l'empereur.*

Au sein du temple : cultes et sacrifices

> **En décembre 69 ap. J.-C., lors d'une guerre civile, le feu éclate sur le Capitole,** colline dominant le Forum, et gagne le temple de Jupiter, sanctuaire le plus prestigieux de Rome. Fondé par les rois étrusques (VIe siècle av. J.-C.), il abrite le culte de Jupiter, roi des dieux, associé à sa femme Junon et sa fille Minerve dans la Triade Capitoline. Le traumatisme de l'incendie est tel que certains y voient le signe de la chute de l'Empire et que le nouvel empereur, Vespasien, aura à cœur de le reconstruire au plus vite.

Au sens premier du terme, un « temple » est un espace consacré mais, dès l'Antiquité, l'habitude s'est imposée de désigner ainsi le monument construit au cœur de cet espace. Au contraire du temple grec, le temple romain s'élève sur un haut podium, mais, pour le reste, le plan du bâtiment a subi l'influence de l'hellénisme. Un vestibule à colonnes, le *pronaos*, précède une pièce, la *cella**, où se trouve la statue de la divinité. La plupart des cérémonies ne se déroulent pas dans la *cella* mais autour d'un autel, placé à l'extérieur devant le temple. Certains monuments plus originaux ont une forme circulaire comme le temple de Vesta, contenant le feu symbole de la vie de Rome, ou le Panthéon, célèbre par son immense coupole construite sous le règne d'Hadrien (117-138). Décorés à l'origine de bas-reliefs en terre cuite, selon la coutume étrusque, les temples romains adoptent le marbre à partir du IIe siècle av. J.-C., mais l'ensemble reste toujours peint de couleurs très vives, bien loin de la blancheur des ruines actuelles.

L'autel externe accueille la célébration du sacrifice, rite central des cultes romains. Le dos saupoudré d'une farine spéciale confectionnée par les prêtresses de Vesta, la bête est assommée puis égorgée par un sacrificateur. Ses entrailles sont brûlées en l'honneur du dieu tandis que les hommes consomment sa viande lors d'un banquet. Le sacrifice opère ainsi un partage entre les dieux et les hommes. Lors des grandes fêtes, un banquet, le *lectisterne*, est offert aux statues des dieux, sorties de leur *cella* et installées sur des lits. Sous la direction du grand pontife*, des collèges de prêtres supervisent le déroulement des cultes, spécialement les pontifes, chargés de la gestion des temples, et les épulons, organisateurs des banquets. Désigné pour la vie, le prêtre n'est pas un personnage sacré comme le prêtre chrétien mais une sorte de magistrat, gérant les rapports de la cité avec les dieux. Cette dimension politique explique que l'empereur ait mis la main sur le grand pontificat dès le règne d'Auguste.

■ *Après avoir assommé puis égorgé le taureau, le sacrificateur s'apprête à lui ouvrir le ventre pour prélever les entrailles, que les haruspices vont examiner pour y lire la volonté des dieux.*

Si, dans l'imaginaire collectif, les cathédrales incarnent à elles seules **l'art gothique**, elles apparaissent pourtant dès le IVe siècle, bien avant la naissance de ce style architectural. Elles abritent la chaire de l'évêque, symbole du pouvoir épiscopal sur tout un diocèse.

Les **Aztèques** utilisaient deux calendriers. L'un, comptant 260 jours auxquels étaient associés les grands dieux de la mythologie et ceux du panthéon, avait un usage religieux. L'autre, qui comportait 360 jours et 5 autres supplémentaires, rythmait l'année civile et agricole.

Le cœur du temple romain est la *cella*, pièce abritant la statue du dieu, mais le culte se déroule autour de l'autel, situé à l'extérieur. Sous la direction de prêtres représentant la cité, le sacrifice opère un partage entre les dieux et les hommes.

■ ***De plan axial**, garni de colonnes seulement sur sa façade, ce temple est fait pour être vu de face.*

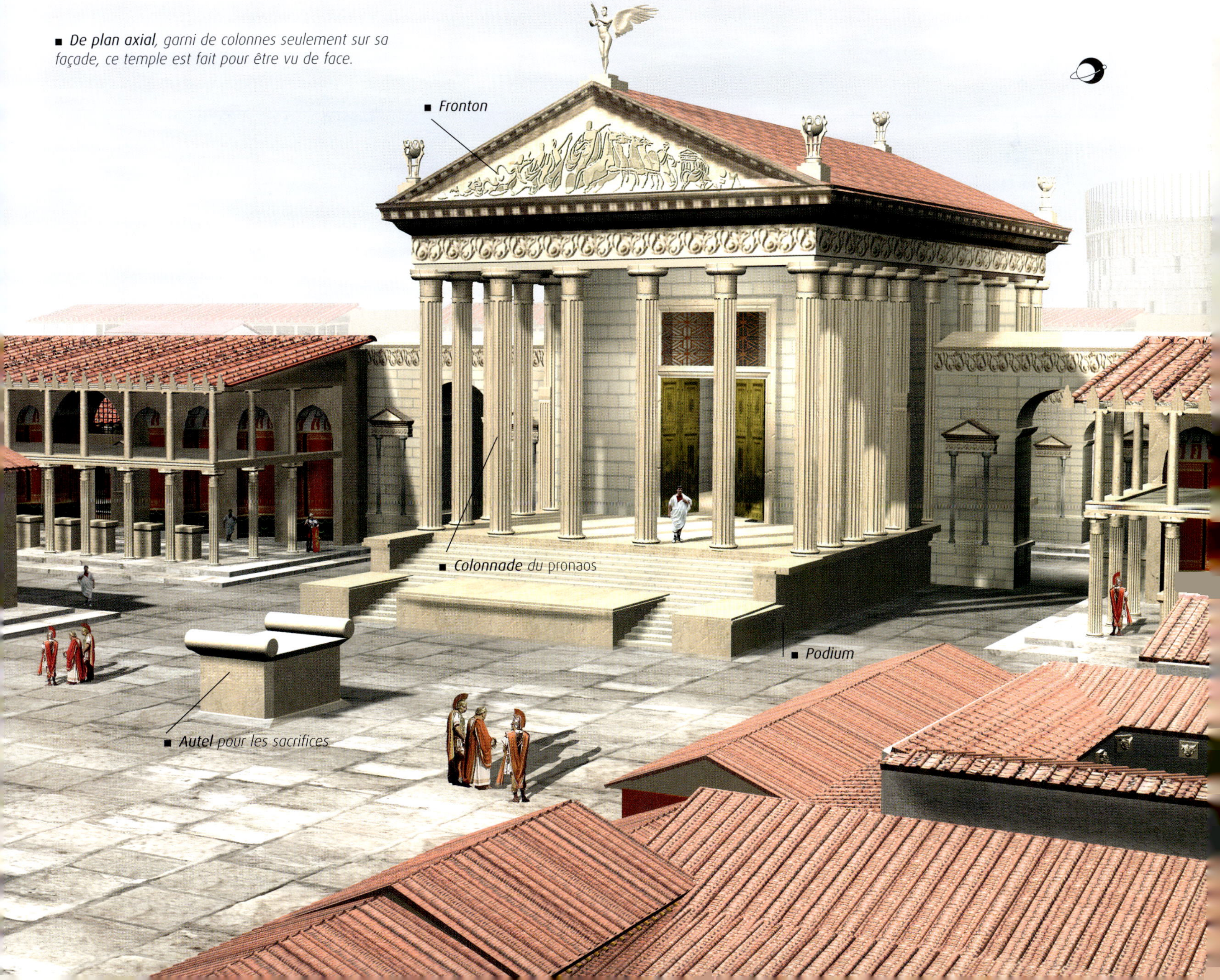

Dans l'un des épisodes les plus fameux de l'Ancien Testament, Moïse et les Hébreux franchissent à pied sec la mer Rouge avant que l'eau ne revienne et n'engloutisse l'armée de Pharaon. Cette ouverture de la mer Rouge est peut-être un **tsunami** qui aurait à l'époque, vers 1200 av. J.-C., ravagé cette région du Sinaï.

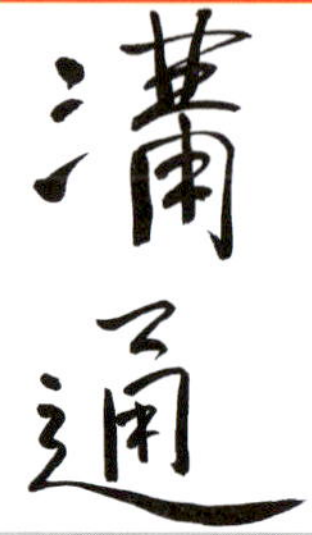

Les premières inscriptions chinoises que l'on date du IIe millénaire avant notre ère, et qui sont les ancêtres des **caractères chinois**, étaient des signes religieux ou magiques. Il s'agissait de marques laissées par le feu sur des os d'animaux et qui passaient pour être des messages des dieux.

Naissance du christianisme

■ *Cette tête de Constantin mesure à elle seule 2,60 m de haut. Elle appartenait à une statue colossale du premier empereur chrétien.*

■ *Accusés d'être responsables de l'incendie de Rome en 64 par haine du genre humain, les chrétiens sont condamnés à mort et transformés en torches vivantes.*

À ses débuts, le christianisme ne semble être qu'une secte juive de plus, mais le nombre de ses adeptes va connaître une croissance rapide dans l'Empire romain. La prédication de saint Paul amène la constitution de communautés en Asie Mineure, en Grèce et même à Rome.

Mais ces adeptes d'une religion monothéiste suscitent la méfiance parmi les habitants de l'Empire. On les accuse de pratiques illicites, voire de crimes : ils se réuniraient pour assassiner un nouveau-né et le dévorer ! Cette rumeur n'est qu'une version déformée de l'eucharistie, la communion des chrétiens. Leur refus de rendre un culte à l'empereur les met à l'écart de la société païenne. Des persécutions vont les frapper. Elles sont d'abord ponctuelles et éclatent à l'occasion de

Le moine **Martin Luther** (1483-1546) est à l'origine d'un grand mouvement de pensée qui au XVIe siècle remet en cause le rôle du clergé et le comportement des hommes d'Église. Il traduit la Bible en allemand et, soutenu par quelques princes gagnés à sa cause et qui protestent à ses côtés, déclare que seule la foi sauve le chrétien.

En formulant sa théorie de l'évolution, **Charles Darwin** (1809-1882) bouscule les croyances traditionnelles et approuvées par les Églises qui veulent que chaque espèce ait été créée une fois pour toutes afin de s'adapter aux conditions de son milieu.

Le christianisme, d'abord méconnu, puis persécuté au nom de l'unité de l'Empire, s'impose peu à peu dans le monde romain. Après la conversion de Constantin, premier empereur chrétien, il va acquérir au cours du IVe siècle le statut de religion officielle.

▪ *Des scènes tirées de l'Évangile, comme cette multiplication des pains, ornent souvent les sarcophages chrétiens.*

▪ *Les premiers chrétiens enterraient leurs défunts dans des galeries souterraines, appelées « catacombes ».*

▪ *Les tableaux en marbres polychromes, d'origine orientale, étaient très appréciés à Rome. Les chrétiens n'hésitèrent pas à utiliser cette technique pour représenter Jésus.*

crises dans des zones limitées. Ainsi, en 64 ap. J.-C., une rumeur persistante accuse l'empereur Néron d'avoir fait incendier Rome afin de pouvoir se faire édifier sur les ruines un palais somptueux. Néron détourne la fureur populaire sur les chrétiens, qui sont condamnés comme incendiaires.

De ponctuelles, les persécutions se font générales au temps de la crise de l'Empire, au IIIe siècle. Afin de restaurer l'unité de tous les Romains face aux périls qui les assaillent, comme les pestes ou les invasions barbares, l'empereur Trajan Dèce (249-251) ordonne que tous sacrifient en l'honneur des dieux de l'Empire. Ceux qui refusent encourent la peine de mort. Ces mesures s'appliquent dans tout le monde romain. Elles seront suivies d'autres épisodes de persécutions, sous Valérien et surtout sous Dioclétien.

Mais la foi des martyrs et leur résistance impressionnent les païens, et les persécutions n'ont pas réussi à détruire les communautés de fidèles. Bien plus, un nouvel allié de choix va faire basculer la situation en leur faveur. Le jeune Constantin, alors qu'il doit livrer une bataille contre son ennemi Maxence, a un songe. Si ses soldats arborent le signe du Dieu chrétien, la victoire lui sera donnée ! Constantin obéit à cette injonction et vainc Maxence en 312. Désormais, devenu empereur unique, il favorisera les chrétiens et se fera baptiser sur son lit de mort. Cependant il ne fait pas du christianisme la religion officielle de l'Empire. Les empereurs suivants, s'ils s'affirment chrétiens (à l'exception notable de Julien dit « l'Apostat » qui régna de 361 à 363), n'en continuent pas moins à porter le titre de grand pontife*, chef de la religion païenne, et se montrent tolérants envers leurs sujets païens. La situation bascule dans les années 380. L'empereur Gratien abandonne le grand pontificat en 382, et Théodose interdit les sacrifices païens en 391-392. Des temples païens sont détruits. L'Empire est devenu chrétien.

La **peste** dont les populations occidentales avaient eu à souffrir entre le VIe et le VIIIe siècle entre de nouveau en Europe par les ports méditerranéens, entre 1348 et 1351, et tue plus de 25 millions de personnes. Dès lors, le mal ne lâchera plus le continent jusqu'à sa disparition en 1722.

Pendant le **Moyen Âge**, la rançon avait pour but d'humaniser la guerre. Les vaincus n'étaient plus massacrés ou réduits en esclavage mais échangés contre une somme d'argent. C'est d'ailleurs pour payer le solde de sa propre rançon au roi d'Angleterre que le roi de France Jean II le Bon fera, en 1360, frapper une nouvelle monnaie : le franc.

Crise et redressement

■ *L'empereur Philippe l'Arabe régna de 244 à 249. Il célébra avec éclat le millénaire de Rome.*

Après une période marquée par de nombreux périls aux frontières et une rapide succession d'empereurs éphémères, l'Empire connaît à nouveau une période faste, avec des innovations politiques de grande ampleur et un retour à l'unité territoriale et politique.

■ *Ce groupe montre les Augustes barbus et les Césars imberbes, distinguant ainsi leur place respective dans la hiérarchie des tétrarques.*

Le IIIe siècle de notre ère est présenté traditionnellement comme une période de « crise ». En fait, la période la plus noire dura une vingtaine d'années, de 250 à 270. Elle fut marquée par l'affaiblissement du pouvoir central. Les empereurs, proclamés par leurs troupes, étaient abandonnés par celles-ci en cas de défaite. Leurs tentatives pour mettre en place une nouvelle dynastie, en associant leur fils au pouvoir, se soldèrent en général par un échec, car le temps leur manqua pour légitimer leur pouvoir.

Les périls aux frontières de l'Empire aggravent la situation. Sur le Danube est regroupée une confédération de peuples, dont les Goths, qui deviennent menaçants, quand l'empereur ne leur verse plus de tribut, et descendent jusqu'en Thrace. L'empereur Trajan Dèce, qui est accouru pour les repousser, est vaincu et tué dans les marais de la Dobroudja au printemps 251. La peste, apparue en Afrique en 250, touche Rome dès 251. Les Perses, en Orient, s'enhardissent et vont jusqu'à envahir la Syrie et prendre Antioche en 256. L'empereur Valérien est vaincu et fait prisonnier en 260 – humiliation suprême. C'est la première fois qu'un empereur romain est capturé par l'ennemi.

Des usurpateurs se proclament empereurs, comme Postumus en Gaule. En 260, il fonde un empire gaulois promis à un certain succès, puisqu'il ne rentre dans l'orbite de Rome qu'en 274, sous le règne d'Aurélien. Une femme, Zénobie, prend le pouvoir dans la grande cité caravanière de Palmyre, dans le désert de Syrie, et rejette la tutelle romaine en 267. Aurélien, à la tête de ses troupes, la capture et la fait défiler chargée de chaînes d'or, lors du triomphe qui proclame que l'unité de l'Empire est enfin restaurée (274).

■ *Ce camée, réalisé à la demande du roi perse Sapor Ier (à droite), le montre faisant prisonnier l'empereur Valérien (à gauche).*

Après la mort de **Charlemagne** (747-814), l'Empire carolingien, qui regroupait la Gaule, l'Aquitaine, la Germanie et l'Italie, ne resta pas longtemps uni. Ses petits-fils le partagèrent en trois royaumes. Puis leurs descendants furent incapables de maîtriser le pouvoir grandissant des seigneurs féodaux ; le Moyen Âge commençait.

Les débuts du XIVe siècle, en Occident, sont marqués par une crise générale. Famines, épidémies, guerres civiles et révoltes se succèdent. Pourtant les États naissants réagissent et s'affermissent en s'appuyant par exemple, comme en France, sur un sentiment national que cristallise une petite bergère investie d'une mission divine **Jeanne d'Arc.**

Mais la vraie rupture se situe en 284 : un soldat dalmate, Dioclétien, est proclamé empereur. Afin de faire face aux dangers qui menacent toujours l'Empire, il met en place un système original, la tétrarchie* : il s'associe un autre empereur, auquel est conféré le titre d'Auguste, et deux Césars, appelés à succéder aux Augustes quand ces derniers se retireront en 305. Chacun est en charge d'une zone spécifique, mais l'Empire reste indivis. Toutefois, ce système ne pourra subsister longtemps. Constantin et Maxence, fils de tétrarques, espéraient être intégrés au système et sont furieux d'en être écartés. Leur révolte sonne le glas de la tétrarchie. Après bien des péripéties, Constantin est finalement seul Auguste d'un Empire réunifié, en 324. Au cours d'un règne qui dure plus de trente années, il réforme profondément l'Empire, fonde Constantinople, et surtout prend de nombreuses mesures en faveur des chrétiens, longtemps persécutés.

■ *Dioclétien se fit construire un magnifique palais dans sa ville d'origine, Spalato (actuelle Split), sur la côte dalmate, pour s'y retirer après son abdication, en 305.*

Parmi différentes hypothèses pour expliquer la disparition des **dinosaures**, il y a 65 millions d'années, l'une d'elles évoque la chute d'une énorme météorite. Cet impact aurait entraîné sur la Terre toute une série de catastrophes dont une nuit continuelle.

Nul ne sait si la mythique Atlantide mystérieusement disparue a, un jour, existé. Certains pensent qu'elle a pu connaître le sort de la cité d'Akrotiri sur l'île de Santorin, près de la Crète, qu'une **éruption volcanique** a recouverte de plusieurs mètres de cendres.

La chute de l'Empire romain

À cause d'une armée médiocre, Rome ne peut endiguer les invasions barbares qui déferlent sur l'Empire au ve siècle. L'Occident romain éclate entre plusieurs royaumes barbares.

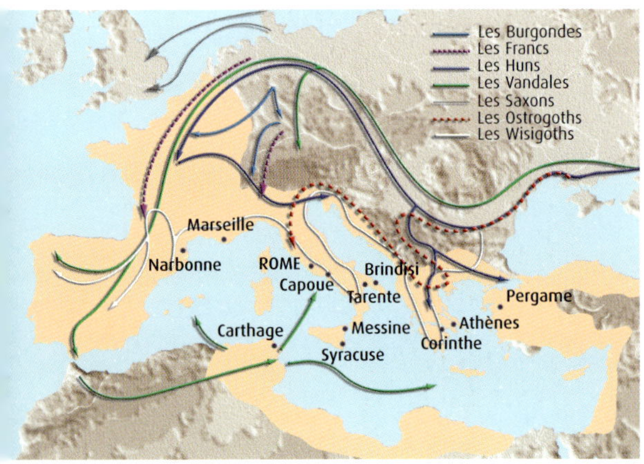

■ *Le dernier empereur d'Occident, Romulus Augustule (475-476), est représenté dans une posture hiératique, signe de son caractère sacré.*

■ *Cette mosaïque de l'église Sant'Apollinare de Ravenne, datant du règne du roi ostrogoth Théodoric (493-526), restitue la façade du palais impérial, cadre d'un cérémonial somptueux.*

■ *Cette carte des invasions barbares montre que l'Occident subit l'essentiel des attaques. L'Empire put subsister en Orient, beaucoup moins touché.*

> **Le 23 août 410, le monde stupéfait apprend que les troupes du roi des Wisigoths Alaric ont occupé Rome :** la ville était inviolée depuis huit siècles ! Le Barbare désire que l'Empire lui cède une province pour y installer son peuple et l'empereur Honorius s'y refuse. Il limite le pillage à trois jours et interdit de toucher aux églises mais ses ordres ne sont pas respectés et de nombreux monuments brûlent. La ville n'est plus la capitale de l'Empire depuis un siècle mais son pillage symbolise la débâcle romaine face aux Barbares.

Sur son lit de mort, l'empereur Théodose a partagé l'Empire entre ses deux fils, confiant l'Occident à l'enfant Honorius en 395 mais le jeune prince doit affronter aussitôt la ruée des Barbares, qui ont franchi le Rhin et le Danube. Poussés par les migrations des Huns, ces peuples germaniques ne veulent en rien détruire l'Empire mais seulement y trouver refuge et bénéficier des bienfaits de la civilisation romaine. Mais leur installation va entraîner à terme son démembrement entre plusieurs royaumes « romano-germaniques ». Après le sac de Rome, les Wisigoths vont s'installer en Aquitaine et en Espagne (418). Les Vandales font de même en Afrique (429) et les Francs dans le Nord de la Gaule. L'armée romaine ne peut s'y opposer car ses effectifs sont trop faibles et ses meilleures troupes sont composées elles-mêmes de Barbares. Dans les provinces, les sénateurs locaux, qui ne vont plus à Rome, préfèrent s'entendre avec les rois germaniques pour partager le pouvoir.

Rome n'est plus la capitale impériale car les empereurs d'Occident préfèrent résider à Ravenne, au nord-est de l'Italie, bien protégée par ses marais. Ils vivent cloîtrés dans leur palais,

Lorsque **Clovis** (465-511) succède à son père Childéric, il n'y a plus d'empereur romain en Occident, et le Sud de la Gaule est aux mains des Burgondes et des Wisigoths. Il se convertit au catholicisme et avec l'appui des Gallo-Romains fait du royaume franc, le plus grand d'Europe de l'Ouest.

L'empereur de Byzance tenait son pouvoir directement de Dieu dont il était le « lieutenant » sur Terre. Aussi le représentait-on non seulement revêtu des symboles de son pouvoir ici-bas, mais également auréolé pour signifier son caractère sacré.

isolés du monde par une étiquette rigide. À la dérive, le pouvoir central manifeste un ultime sursaut en repoussant la menace du roi des Huns, Attila : vaincu par une coalition de Romains, de Wisigoths et de Francs, le Hun doit évacuer la Gaule en 451. Après la mort du dernier descendant de Théodose (455), le pouvoir impérial passe entre les mains de souverains éphémères manipulés par les généraux barbares de l'armée impériale. En 476, l'un d'entre eux, Odoacre, choisit de renverser l'empereur Romulus Augustule, tout juste sorti de l'adolescence, et d'administrer directement l'Italie sous l'autorité lointaine de l'empereur romain d'Orient, résidant à Constantinople. Les contemporains n'en ont pas eu conscience sur le moment mais l'Empire romain vient de disparaître en Occident. En revanche, il va poursuivre son destin en Orient pendant mille années encore sous le nom d'Empire byzantin.

■ *Ce tableau « pompier » du XIXe siècle est censé représenter le déferlement des Huns sur l'Empire, mais les invasions prirent aussi le visage d'infiltrations progressives ou d'installations décidées par les Romains eux-mêmes.*

Pour en savoir plus

DANS LES LIVRES

Œuvres de fiction pour la jeunesse
• *Caïus et le Gladiateur,* H. Winterfeld, Hachette Jeunesse, 2001.
• *Tumulte à Rome,* O. Weulersse, Hachette Jeunesse, 2001.
• *Vercingétorix,* B. Solet, Pocket Junior, 2001.

Documentaires pour la jeunesse
• *Empire romain,* M.J. Corbishley, coll. « Atlas historique », Casterman, 1990.
• *Les Romains,* P. Miquel, Y. Cohat, coll. « La Vie privée des hommes », Hachette Jeunesse, 2002.
• *Rome : une journée dans la Rome antique,* A. Solway, S. Biesty, Gallimard Jeunesse, 2003.
• *Sur les traces des fondateurs de Rome,* P. Castejon, F. Moiraud, coll. « Sur les traces de », Gallimard Jeunesse, 2001.
• *Que sais-tu des Romains ?,* Walt Disney, Hachette Disney, 2002.

Bandes dessinées
• *Alix l'Intrépide,* t. I, (et autres aventures), J. Martin, coll. « Romans Dix et Plus », Casterman, 2004.
• *Astérix le Gaulois,* t. I, (et autres aventures), Uderzo, Goscinny, Astérix Hachette, 1998.
• *Le Mur d'Hadrien,* t. VII, « Prince Valiant », 1949-1951, M. Pagel, H. Foster, Zenda, 1990.
• *Ambre le banquet de Crassus,* t. I, (et autres tomes), *Vae victis,* Mitton, S. Rocca, coll. « Soleil noir », Soleil Productions, 1991.

Ouvrages généraux
• *La Civilisation romaine,* P. Grimal, « Grandes Civilisations Poche », Arthaud, 2002.
• *La ville antique,* t. I, *Histoire de la France urbaine,* G. Duby (sous la direction de), coll. « Points Histoire », Seuil, 1980.
• *L'Antiquité,* t. I, *Histoire des femmes en Occident,* P. Schmitt-Pantel (sous la direction de), Seuil, 2002.
• *De l'Empire romain à l'an mil,* t. I, *Histoire de la vie privée,* Ph. Ariès, G. Duby (sous la direction de), coll. « Points Histoire », Seuil, 1999.
• *L'Homme romain,* A. Giardina (sous la direction de), coll. « Points Histoire », Seuil, 2002.
• *L'Homme romain : des origines au Ier siècle de notre ère,* M. Meslin, coll. « Historiques », Complexe Éd., 2000.
• *Ils ont fait l'histoire du monde,* t. I, *De l'Antiquité au Moyen Âge,* Larousse, 2001.

Histoire politique
• *Les Empereurs romains (27 av. J.-C. - 476 ap. J.-C.),* F. Zosso, C. Zingg, Errance, 2003.
• *Histoire romaine,* J-P. Martin, A. Chauvot, Armand Colin, 2003.

Vie quotidienne
• *Les Romains et l'Eau,* A. Malissard, Belles Lettres, 1994.
• *Rome à l'apogée de l'Empire,* J. Carcopino, coll. « La Vie quotidienne à », Hachette Littératures, 1998.
• *La Vie quotidienne du citoyen romain sous la République,* F. Dupont, coll. « Vie quotidienne », Hachette Littératures, 1994.
• *La Vie quotidienne à Pompéi,* R. Étienne, coll. « Vie quotidienne », Hachette Littératures, 1998.
• *La Vie des Romains au temps des Césars,* C. Salles, coll. « Histoire au quotidien », Larousse, 2004.

Religion
• *Le Prêtre à Rome,* D. Porte, Payot, 1995.
• *Aux origines du christianisme,* P. Geoltrain, coll. « Folio Histoire », Gallimard, 2000.
• *Rome et ses Dieux,* R. Turcan, coll. « Vie quotidienne », Hachette Littératures, 1998.

Loisirs et vie intellectuelle
• *Le Monde romain,* t. II, *Histoire de l'éducation dans l'Antiquité,* H-I. Marrou, coll. « Points Histoire », Seuil, 1981.
• *Lire à Rome,* C. Salles, Payot, 1994.
• *Le Théâtre à Rome,* J.-C. Dumont, M. François-Garelli, Livre de Poche, 1998.

Urbanisme
• *L'Afrique antique,* A. Laronde, J.-C. Golvin, coll. « Histoire et Monuments », Tallandier, 2003.
• *L'Antiquité retrouvée,* J.-C. Golvin, coll. « Nouveaux Regards », Errance, 2003.
• *Un voyage dans la Rome des Césars,* G. Chaillet, Glénat, 2004.
• *Guide romain antique,* G. Hacquard, J. Dautry, O. Maisani, Hachette Éducation, 1990.
• *Pompéi, la cité ensevelie,* R. Étienne, coll. « Découvertes », Gallimard, 1998.
• *Rome, ville et capitale de César à la fin des Antonins,* A. Bérenger-Badel, Hachette Éducation, 2001.
• *Voyage en Gaule romaine,* G. Coulon, J.-C. Golvin, Actes Sud, 2002.

Art
• *L'Art de l'ancienne Rome,* B. Andreae, Citadelles et Mazenod, 1998.
• *L'Art romain,* R. Turcan, Paris, Gallimard, 1995.

Œuvres romanesques
• *Les Derniers Jours de Pompéi,* E. Bulwer-Lytton, Hachette Jeunesse, 2002.
• *Mémoires d'Hadrien,* M. Yourcenar, coll. « Blanche », Gallimard, 1990.
• *Moi, Claude, empereur !,* R. Graves, coll. « Folio », Gallimard, 1987.
• *Le Voyage de Marcus : les tribulations d'un jeune garçon en Gaule romaine,* C. Goudineau, Errance, 2000.
• *Quo vadis ?,* H. Sienkiewicz, Livre de Poche, 2001.
• *Du sang sur Rome,* S. Saylor, coll. « Les Mystères de Rome », Ramsay, 2002.

Chronologie

Avant J.-C.	
753	Fondation de Rome
509	Avènement de la République
399-272	Conquête de l'Italie
264-241	Première guerre punique
218-201	Deuxième guerre punique
146	Destruction de Carthage et conquête de la Grèce
133	Tribunat de Tiberius Gracchus
88-82	Guerre civile entre Marius et Sylla
49-44	Dictature de César
31	Victoire d'Octave à Actium, fin des guerres civiles
27	Fondation de l'Empire par Auguste

	Après J.-C.
Règne de Néron	54-68
Règne de Trajan, apogée territorial de l'Empire	98-117
Règne d'Antonin, apogée de la Paix romaine	138-161
Règne de Marc Aurèle, premières invasions barbares	161-180
Crise du IIIe siècle	235-284
Règne de Dioclétien, fondation du Bas-Empire	284-305
Règne de Constantin	306-337
Christianisme religion d'État	391-392
Division de l'Empire entre Orient et Occident	395
Renversement du dernier empereur d'Occident	476

Lexique

Affranchi :
homme libre d'origine servile.

Atrium :
pièce centrale de la maison réservée aux réceptions, dont le sol présentait un bassin pour recueillir les eaux de pluie.

Augure :
prêtre chargé de lire la volonté divine dans le vol des oiseaux.

Auguste :
principal titre de l'empereur, au départ surnom du premier empereur Octave-Auguste.

Basilique :
bâtiment rectangulaire à trois nefs, situé sur le forum, à l'utilisation polyvalente.

***Cella* :**
pièce du temple abritant la statue du dieu.

César :
titre impérial, hérité de Jules César dont Auguste était le fils adoptif. À partir d'Hadrien (136), il fut plus spécialement réservé au prince héritier.

Chevaliers (ordre des) :
ordre romain fournissant certains fonctionnaires sous l'Empire.

Clarissime :
titre officiel des sénateurs sous l'Empire.

Colonie :
cité fondée par les Romains et copiant les institutions romaines.

Comices :
assemblées du peuple.

***Consecratio* :**
cérémonie de divinisation d'un empereur défunt (appelée aussi « apothéose » en grec).

Consul :
magistrat le plus important de la République romaine. Au nombre de deux par an, élus par les comices, les consuls commandaient l'armée et dirigeaient les affaires générales.

***Cursus honorum* :**
hiérarchie des magistratures.

***Domus* :**
résidence urbaine des élites.

Flamine :
prêtre chargé du service d'un dieu particulier (Jupiter) ou d'un empereur divinisé.

Forum :
place principale d'une cité, il joue le rôle de centre de la vie politique, religieuse et économique.

Grand pontife :
chef du collège des pontifes, regroupant quinze prêtres, il contrôle la religion romaine. Sous l'Empire, cette charge prestigieuse est revêtue par l'empereur.

Haruspice :
prêtre chargé de lire la volonté divine dans l'examen des entrailles des bêtes sacrifiées.

Image :
masque de cire des magistrats défunts exhibé aux funérailles de leurs descendants.

***Imperator* (au pluriel : *imperatores*) :**
titre des généraux victorieux puis de l'empereur.

***Imperium* :**
pouvoir des magistrats supérieurs puis de l'empereur, donnant le droit de commander les armées et de condamner à mort.

***Insula* (au pluriel : *insulae*) :**
au sens strict « îlot d'immeubles », mais le terme est communément utilisé pour désigner un seul immeuble.

Laticlave :
large bande de pourpre décorant la tunique des senateurs.

***Limes* :**
frontière de l'Empire organisée sous la forme d'une zone-tampon, appuyée sur un réseau de routes et de forts.

***Ludus* :**
jeu donné en l'honneur d'un dieu, composé de pièces de théâtre et de courses de chars.

***Munus* :**
combat de gladiateurs donné lors des funérailles d'un aristocrate.

Ordre :
groupe statutaire chargé d'une mission au service de la cité (sénateurs, chevaliers).

Pérégrin :
habitant libre de l'Empire ne possédant pas la citoyenneté romaine.

***Pomerium* :**
limite religieuse de la ville de Rome, correspondant au sillon tracé par Romulus lors de la fondation. La présence de la mort, et donc des tombeaux, y était prohibée.

Prétorien :
soldat de la garde impériale, chargé de protéger l'empereur. Les dix cohortes prétoriennes étaient commandées par le préfet du prétoire.

Procurateur :
fonctionnaire impérial choisi parmi les chevaliers.

Questeur :
magistrat sénatorial chargé des finances.

Sesterce :
unité monétaire romaine. Le sigle HS représente le sesterce.

Tétrarchie :
système politique associant deux empereurs principaux (Augustes) et leurs deux héritiers (Césars). Il fut pratiqué de 293 à 311.

Tribun de la plèbe :
magistrat chargé de défendre les intérêts de la plèbe. Au nombre de dix par an, ils étaient « sacro-saints », c'est-à-dire qu'on n'avait pas le droit de les frapper ou de les agresser.

Triomphe :
cérémonie solennelle au cours de laquelle le général victorieux défile dans Rome à la tête de ses troupes. Sous l'Empire, le triomphe est réservé aux membres de la famille impériale.

Vilicus :
intendant d'une villa.

Villa :
grande exploitation rurale ou résidence de luxe à la campagne et à la mer.

Index

Table des illustrations